Hasta aquí hemos llegado

PENÍNSULA

Hasta aquí hemos llegado

Rodrigo de Rato

PENÍNSULA

Primera edición: junio de 2023

Ediciones Península,
Diagonal 662-664
08034 Barcelona
edicionespeninsula@planeta.es
www.edicionespeninsula.com

REALIZACIÓN PLANETA - fotocomposición
Depósito legal: B. 9.943-2023
ISBN: 978-84-1100-177-9

A Gela, Ana y Rodrigo

ÍNDICE

CAPÍTULO 1

«Mala suerte o buena suerte, ¿quién sabe?», dijo el anciano labrador.

Proverbio oriental

La mañana del viernes 29 de enero de 2010 recogí, como cada día, poco después de las ocho de la mañana a mi hija Ana para acompañarla a la parada de su ruta al colegio, en la plaza de los Sagrados Corazones de Madrid. Supongo que todos los padres recordamos con añoranza esta experiencia de llevar a nuestros hijos al colegio cuando aún nos dejan hacerlo. Un placer de la vida que nadie te anuncia y que desaparece antes de lo que a uno le gustaría. Diez minutos después, entré en la iglesia que está al otro lado de la plaza. La tarde anterior había sido elegido presidente de Caja Madrid por unanimidad y pensaba que tenía que hacer algo especial que marcara ese momento que tanto había deseado. Rezar me pareció una buena idea. Puestos a ser religiosos, quizás debería haber pensado en una cita de santa Teresa en la que advierte que «se derraman más lágrimas por las plegarias atendidas que por las no atendidas», pero en aquel momento lo ignoré y me dije: «¿Por qué va a salir algo mal?».

Hacia las 8:45 llegué al imponente garaje de la torre inclinada de Caja Madrid en la plaza de Castilla. Tomé el ascensor de presidencia, directo a la planta 13, y cuando se abrieron las puertas recorrí los pasillos de techos muy altos, grandes puertas de magnífica madera y una increíble colección de pintura contemporánea española —a la que se añadía un cuadro nuevo cada año— que hoy, por suerte, sigue perteneciendo a la Fundación Caja Madrid. Desde la primera vez que estuve en aquellas oficinas visitando a mi antecesor, Miguel Blesa, pocas semanas antes, la planta noble de la entidad me recordaba a los lujosos hoteles asiáticos a los que había viajado como director gerente del Fondo Monetario Internacional (FMI) en los últimos años.

Mi despacho era inmenso, estaba formado por tres estancias consecutivas y tenía unas vistas apabullantes del paseo de la Castellana. Pocas semanas después, en una visita que me hizo el expresidente de la Reserva Federal de Estados Unidos, Paul Volcker, que entonces representaba a un fondo de alto riesgo estadounidense, dijo al verlo: «Not bad for a coop» («No está mal para ser una cooperativa»). Pero Caja Madrid era más que una cooperativa de crédito, acababa de cumplir trescientos años de historia como Monte de Piedad, lo que la convertía en la entidad de crédito más antigua de España. En 2010 dominaba el mejor mercado bancario, el de Madrid, que era el más rentable del país.

En aquel momento, Caja Madrid era la cuarta entidad financiera española. Era una cooperativa en el sentido de que no tenía accionistas, aunque sí tenía dueños: los impositores. Estos elegían a los órganos de gobierno de la entidad, que tenía carácter privado aun estando sujeta al derecho público y cuya Asamblea General se elegía según las reglas fijadas por la Ley Estatal de Cajas y las normas autonómicas, que establecían representación parlamentaria regional y municipal entre sus componentes.

Caja Madrid estaba supervisada por el Banco de España pero dependía de la Comunidad de Madrid, que estuvo gobernada entre 1983 y 1995 por el PSOE y desde entonces por el PP, una alternancia de Gobierno como la que vivieron las cajas del resto de España, salvo en Cataluña y País Vasco, cuyas Haciendas han estado casi siempre en manos de partidos nacionalistas. Ese modelo establecía una sustancial diferencia con los bancos, que solo estaban supervisados por el Banco de España. La entrada de las comunidades autónomas en los órganos de gobierno de las cajas había sido ideada por el todopoderoso PSOE de la primera legislatura de Felipe González (1982-1986). Su ponente en la discusión parlamentaria fue Manuel Chaves, antes de irse a Andalucía para sustituir como candidato socialista a la presidencia de la Junta a José Rodríguez de la Borbolla, quien respondía a las críticas sobre la politización de las cajas afirmando que «el poder tenía que cambiar de manos». Y cambió.

A mi antecesor le había hecho la guerra en persona la presidenta de la Comunidad de Madrid de entonces, Esperanza Aguirre. En los últimos veinte años la entidad solo había tenido dos presidentes: Jaime Terceiro (1988-1996), buen amigo del que fuera el primer presidente de la Comunidad de Madrid entre 1985 y 1993, Joaquín Leguina, y Miguel Blesa (1996-2010), buen amigo de José María Aznar. Caja Madrid había comenzado pocos años antes de mi llegada una tímida expansión internacional en Miami y en México, a través de entidades compradas a precios caros. También estaba presente desde hacía mucho tiempo en La Habana, aunque la alianza estratégicamente más importante era la que mantenía con la aseguradora MAPFRE.

También participó en los años noventa en el proceso de privatizaciones, principalmente tomando una participación en Iberia y otra en Endesa, donde obtuvo una considerable plusvalía cuando se produjo la opa de la italiana Enel sobre la eléctrica española, en abril de 2007. Las decisiones de Blesa sobre el destino de esa plusvalía fueron la fuente de sus desavenencias con Esperanza Aguirre. La reinversión de este cuantioso beneficio no había sido muy eficiente, en mi opinión. Pero no cabe duda de que sus equipos eran profesionales que competían en pie de igualdad con cualquiera de los bancos privados. Mi predecesor había iniciado en 2007 un saneamiento de la deuda hipotecaria para corregir una expansión desmedida realizada en los años anteriores, no muy distinta por cierto a la del conjunto del sector. Los controles internos eran buenos, funcionaba como todas las entidades grandes con modelos de riesgo supervisados por el Banco de España, que mantenía trabajando dentro de la entidad a un equipo fijo de dieciséis personas.

Mi primer día de trabajo fue inevitablemente de reuniones con el equipo directivo. Además de la caja propiamente dicha, la presidencia de Caja Madrid implicaba la presidencia de Cibeles, una sociedad *holding* de las participaciones industriales de la entidad, creada con la intención de sacarla a bolsa. Pero la crisis financiera internacional de 2008 frenó estos planes. La organización de Cibeles seguía el modelo de Criteria, la sociedad de inversiones de La Caixa, donde además yo había sido consejero. Como presidente, también era responsable de la obra social, la segunda de España y la primera en recuperación del patrimonio histórico-artístico de toda Europa. La Fundación Caja Madrid era la receptora de la mayoría de los dividendos de la entidad. En la debacle de las cajas españolas, entre muchas otras cosas, se ha olvidado que el conjunto de sus obras sociales representaba en 2010 el segundo mayor esfuerzo en inversión social del mundo, solo por detrás de la Fundación Bill y Melinda Gates.

Como el resto de las cajas de ahorros, Caja Madrid mantenía muchos convenios con la comunidad autónoma para financiar proyectos territoriales de todo tipo, con más o menos sentido económico, líneas de crédito privilegiadas a favor de colectivos concretos, e históricamente siempre facilitaron la financiación para el acceso a la vivienda familiar sin contar con patrimonio previo, así como a pequeñas empresas y a proyectos culturales de carácter local y regional. En una de las reuniones del G7 de 2007, recuerdo que desde el FMI yo urgía al entonces ministro de Economía alemán, el socialdemócrata Peer Steinbrück, a someter a las cajas alemanas a la competencia, pero él nos respondió: «Nuestras cajas de ahorros son proyectos políticos, no financieros». En Alemania las cajas de ahorros se mantienen todavía a día de hoy.

Las cajas de ahorros españolas eran muy poderosas en términos de mercado, representando el 50 % del negocio financiero español. En ese momento, mantenían una sana competencia con los bancos, lo que redundaba en una clara venta para los consumidores: había más oferta, créditos más baratos y una notable bonificación del ahorro. De hecho, los bancos llevaban años quejándose de esa competencia, alegando que las cajas no tenían que pagar dividendos a los accionistas. La crisis les iba a dar la oportunidad de acabar con ellas, lamentablemente con el aplauso general de la sociedad.

Ese primer fin de semana, mis colaboradores no me presentaron ningún plan estratégico suponiendo, por un lado, que yo les diría por dónde quería ir, al haber sido respaldado tanto por el Gobierno socialista de la nación como por el del PP en la Comunidad de Madrid. En ese momento, el consejo de administración de la entidad tampoco contaba con nada parecido a un plan a cinco años. La sensación generalizada era que Caja Madrid no tenía problemas irresolubles, que sus dificultades no eran muy diferentes de las del sector en su conjunto: aumento de la morosidad como consecuencia del ciclo económico, exceso de capacidad y la concentración del riesgo en el sector inmobiliario.

La expansión del crédito en el conjunto de la economía española se había duplicado en términos nominales en menos de siete años. Con el cambio de ciclo, la morosidad había empezado a explotar en 2007 y 2008, ya que venía de unas tasas históricamente muy bajas, de alrededor del 2 %. En 2010 la morosidad del sector de las cajas era todavía ligeramente menor que la de los bancos.

Pero no se trataba solo de un problema de crédito hipotecario, que lo era, también suponía un problema de consumo. En 2008 el déficit de ahorro de la economía española era el mayor de la OCDE —la organización que agrupa a las economías más desarrolladas— al situarse en el 9 % del PIB. Cabe recordar que, a su llegada al Gobierno, en diciembre de 2011, el PP afloró un 9 % de déficit público.

Mi antecesor, Miguel Blesa, me había comentado en el año 2003 que el 30 % de todas las hipotecas de Caja Madrid se habían concedido en los cuatro años anteriores a esa fecha, muchas de ellas a inmigrantes llegados desde finales de los años noventa a España. Este colectivo tenía en 2010 índices de morosidad superiores al 20 %, ligados sin duda a la tasa de paro que se había disparado desde 2008 y había golpeado con dureza a este grupo de personas.

Sin embargo, como he dicho, Caja Madrid tenía un eficiente plan de control de la morosidad en marcha, con seguimiento diario de los indicadores. En la fusión que iba a producirse durante mi mandato pude comprobar que este era, además, de los mejores del sector. A su vez, la política de refinanciaciones y ejecuciones en Caja Madrid era renegociar las condiciones y no llevar a nadie al desahucio si el cliente podía pagar trescientos euros mensuales de la hipoteca, una medida que yo mantuve.

La elevada exposición al sector inmobiliario no se acababa en las hipotecas. Los promotores inmobiliarios eran clientes de todos los bancos y el sector llegó a representar el equivalente al 12 % del PIB, similar al peso que tiene el turismo en la economía. El desplome de este negocio era un problema gravísimo para todos, que reducía, por un lado, el beneficio proporcionado por los promotores y, por otro, el volumen de negocio y el aumento de la morosidad.

En 2010 el sector aún representaba el 10 % del PIB. Sin embargo, Caja Madrid no tenía participaciones en empresas inmobiliarias, otra diferencia con la mayoría de las cajas. La alianza con MAPFRE era la búsqueda acertada de otro tipo de negocio financiero, rentable y líquido. Pero era una relación que acababa de empezar. Otra fuente de ingresos podrían ser las participaciones industriales, de las que la más importante en 2010 era la de Iberia, que estaba en plena fusión paritaria con British Airways. La aerolínea española suponía, y supone, un negocio esencial para la Comunidad de Madrid, especialmente en lo que respecta al aeropuerto de Barajas, razones suficientes para descartar la opción de su venta a corto plazo.

En resumen, el camino para aumentar la rentabilidad de Caja Madrid era cambiar su relación con los clientes y pasar de ofrecerles hipotecas y la gestión de nóminas y recibos a ofrecerles seguros y fondos de inversión. Una transformación nada fácil y muchos menos de carácter inmediato. Es más, en 2020 la entidad todavía no lo había conseguido cuando fue absorbida por La Caixa.

Poner en valor las plusvalías ocultas de la entidad, vendiendo parte de su capital, sí podía ser factible en un plazo próximo. Por ello yo creía que sacar a bolsa Caja Madrid era la mejor opción, pero la ley entonces no lo permitía. En todo caso se aproximaba un entorno difícil. Yo le había pedido a Miguel Blesa que, dentro del margen que le proporcionaba la ley, aumentara las provisiones al cierre contable de 2009, algo que hizo en unos ochocientos millones de euros, una cifra que palidecería con lo que tuvimos que hacer los siguientes años.

La idea de la fusión de las cajas estaba en boca de todos para reducir el gran número de entidades, que superaban entonces las cuarenta. Caja Castilla-La Mancha había sido intervenida el año anterior y vendida con un programa de protección de activos, un plan de ayudas públicas, a Cajastur. Caja Madrid era el centro de atención de cara a posibles fusiones en aquel inicio de 2010.

Las cajas, además de entidades de crédito, eran, como ya he mencionado, una herramienta política para las comunidades autónomas. Eso explicaba que no se hubieran producido fusiones interregionales, porque nadie quería ceder poder en su territorio. Es más, en 2009 el propio Banco de España animó a la fusión de las cajas catalanas —Caixa Terrassa, Caixa Sabadell y Caixa Manlleu, primero, y luego Caixa Catalunya, Caixa Tarragona y Caixa Manresa—, lo cual evidenciaba que no había voluntad política de llevarlas a cabo. Este precedente, además, debilitó la autoridad del regulador, el Banco de España, cuando quiso hacer otra cosa en el resto del país. Galicia, Castilla y León, la Comunidad Valenciana, Murcia y Andalucía querían conservar sus cajas sin que ni unos ni otros atendieran a lo que era la madre de todos sus problemas: la falta generalizada de capital en el principio de una crisis financiera y de crédito. En ese contexto absorber pérdidas resultaría clave, algo que solo podría hacer el capital, público o privado.

Las cajas no tenían socios, pero sí capital, que provenía de la parte de los beneficios que no se distribuía a sus respectivas obras sociales. A ese fin se dedicaba el grueso de los gastos de las entidades, junto a los regalos que se otorgaban a la Asamblea de Impositores, que se reunía una vez al año. Entre los miembros de nuestra asamblea había futuros presidentes del Gobierno, alcaldes y presidentes autonómicos. Aunque llamativos, la cuantía de los regalos era insignificante en un balance de 180.000 millones de euros y, desde luego, esos regalos no podían rivalizar con los que los bancos agasajaban a la mayoría de los periodistas que asistían a sus juntas generales, sin contar con un acceso al crédito en muy buenas condiciones.

Al llegar a la entidad me encontré que en Caja Madrid había cuatro directores generales. Uno de ellos, Juan Astorqui, responsable de Comunicación, me presentó su dimisión en mi primera semana en la entidad, por considerar que su trabajo había estado muy ligado a la persona de Blesa en la dura batalla por su relevo con la Comunidad de Madrid. Ciertamente fue dura y lo comprendí.

Es verdad que mi nombramiento había sido fruto de un raro consenso entre José Luis Rodríguez Zapatero y Mariano Rajoy, unidos en la batalla para evitar que Ignacio González, a la sazón vicepresidente del Gobierno de Esperanza Aguirre y entonces su mano derecha, llegara a ocupar la presidencia de la entidad, pese a que González tenía un acuerdo con el PSOE madrileño. Claramente, Rajoy consideraba al vicepresidente madrileño un enemigo interno al que no quería ver manejando Caja Madrid. Por su parte, las relaciones entre Rodríguez Zapatero y Tomás Gómez, secretario general de los socialistas madrileños, tampoco eran buenas. Hubo siempre la sensación generalizada de que en la solución a los problemas de las cajas catalanas en 2009 —la fusión entre entidades pertenecientes únicamente a la misma comunidad autónoma—, los mandamases nacionales de PSOE y PP se habían repartido lo que resultarían ser las megacajas regionales, encargándole al Banco de España solo la ejecución de sus acuerdos. No puedo asegurarlo. Pero sí que ni uno ni otro, ni siquiera el regulador, me dijeron qué esperaban de mí cuando llegué a la entidad. Después sí lo hicieron. Tampoco sé si en aquellos momentos alguno de ellos tenía claro qué hacer con el sector.

Yo era muy consciente del enfrentamiento entre Esperanza Aguirre y Mariano Rajoy. La primera se llevó tal berrinche cuando González no logró su elección en Caja Madrid que llegó a hablar incluso de dimitir. Después se le pasó y me llenó el consejo de algunos de sus fieles. Dentro del PP, ella era la voz más fuerte y crítica a Mariano y había llegado a su punto álgido en el congreso de Valencia de 2008, después de la segunda derrota electoral de Rajoy frente a Zapatero.

Desde mi vuelta de Washington, yo me había mantenido al margen de las peleas internas del PP. Caja Madrid había sido uno de los campos de batalla en el partido por el supuesto poder fáctico que se podía ejercer desde su presidencia. Aguirre quería controlar ese poder, Rajoy no, pero tampoco quería que estuviera en sus manos. Pese a la proximidad de Blesa con José María Aznar, y de este con Aguirre, la pelea por el relevo en la presidencia ocultaba otros motivos. Durante la opa sobre Endesa en 2006, Esperanza se situó sorprendentemente del lado de Acciona y de la italiana Enel y fue ahí cuando se rompieron las relaciones entre Aguirre y Blesa, que no siguió sus órdenes de vender la participación de Caja Madrid en Endesa a Acciona. De ahí surgió un enfrentamiento escandaloso por dominar una institución de crédito por parte del poder político. El Banco de España quería evitar un excesivo control político, lo que coincidía con la posición de Rajoy, que se había opuesto a la opa sobre Endesa. Ahí es donde aparezco yo.

Desde 1996, Caja Madrid venía siendo gobernada por una alianza *de facto* entre el PP y Comisiones Obreras de Madrid que había establecido Rodolfo Martín Villa con su proverbial habilidad, manteniendo una relativa conexión con el PSOE madrileño, que tradicionalmente no estaba alineado con Ferraz. Como se puede observar, las cajas de ahorros eran un mosaico maquiavélico de todos los enfrentamientos posibles, regionales y nacionales.

Es necesario advertir que estos juegos de florete tuvieron pocas consecuencias en la política financiera y crediticia de la entidad, decidida por el comité de dirección de la caja, no por su consejo de administración. Los créditos a partidos políticos, sindicatos o patronales estaban muy restringidos por las normas internas, igual que a medios de comunicación. Cosa distinta eran las campañas de publicidad, donde ahí sí había para todos. Mi opinión es que los abultados préstamos de todo tipo que se habían concedido en los últimos años lo habían sido siguiendo criterios profesionales, similares a los del resto del sector.

Luis de Guindos, que había sido secretario de Estado de Economía conmigo y que luego sería ministro en el Gobierno de Mariano Rajoy, me comentó en 2013 que Caixa Catalunya concedía préstamos hipotecarios «con el carnet del PSOE en la boca, pero no vamos a hacer nada porque la queremos vender». Siempre esa incursión de la política en las finanzas.

La obra social permitía otros márgenes y ahí los equilibrios políticos funcionaban a la perfección, la financiación a las fundaciones de los partidos era proporcional a su representación en la Asamblea de Madrid, pero eso no impedía una labor cultural y social muy intensa. La obra social de Caja Madrid estaba dirigida a mi llegada por Rafael Spottorno, antiguo jefe de la Casa Real. Ninguna caja tenía al frente de su obra social a alguien de ese relieve para dar garantía de su buen hacer. De hecho, entre su equipo estaba quien luego sería ministro de Cultura con Pedro Sánchez de presidente, José Guirao. Determinadas políticas, como la denominada

Hipoteca Joven, en unas condiciones mucho mejores que cualquiera de las del mercado y escasa rentabilidad para la entidad, eran, desde luego, peajes que seguían las indicaciones de la Comunidad de Madrid. Pero en los cargos profesionales no había parcelas políticas, los consejeros no tenían ni despacho ni personal de apoyo de ningún tipo. Sí había una pléyade de empresas propiedad de la caja en cuyos consejos se sentaban personas próximas a los grupos de la Asamblea, pero sin capacidad de gestión alguna, pues sus responsables de negocio eran elegidos por el comité de dirección de la caja.

La Asamblea General de Caja Madrid era la representación de los impositores, los dueños de la caja, según la Ley Orgánica de las Cajas de Ahorros de 1985, y actuaba como tal hasta que hubo otros dueños. En la Asamblea General además de impositores había representantes del Parlamento autonómico, de ayuntamientos y de entes sociales, según lo establecido por la ley de cajas. Sorprendentemente, en 2018 los grupos parlamentarios en el Congreso juzgaron a estas entidades de ahorro como si ellos no tuvieran nada que ver ni con su desempeño ni con el diseño de sus órganos. Al más puro estilo del capitán Renault en *Casablanca*.

La cuestión era trasladar esa realidad al mundo ultracompetitivo de las finanzas modernas, dominado por su capitalismo extremo y especulativo. Especialmente, a los cambios regulatorios que siguieron a la peor crisis financiera desde 1929, los denominados acuerdos de Basilea III, normas pactadas por los reguladores bancarios mundiales para definir qué porcentaje de recursos propios debían reservar las entidades bancarias para hacer frente a posibles riesgos.

El G20 de 2008, acertadamente, identificó el aumento de capital como la exigencia número uno de la crisis financiera. Hasta entonces, los acuerdos de Basilea II exigían a las entidades un capital mínimo del 2 % de los activos, entre los que incluía las obligaciones preferentes. La evolución de la crisis financiera demostró que ese porcentaje era insuficiente y el acuerdo saltó por los aires. En 2011, el Gobierno español cifró ese capital en un 8 % para el conjunto del sector y del 10 % para las cajas que no tenían accionistas privados. Ningún país de la OCDE siguió un camino tan exigente.

Sin embargo, el problema de las cajas españolas no era la politización de sus órganos de gobierno. Por lo que se refiere a la profesionalidad de sus directivos, nombrados con el visto bueno siempre del Banco de España, habría de todo, como en el conjunto del sector. El problema era otro.

Todos sabíamos que tanto para las cajas como para los bancos el problema estaba en su capital, sobre todo en su capacidad de conseguir capital en el futuro inmediato conforme el aumento de la morosidad fuera produciendo pérdidas en la cuenta de resultados. El Santander, líder del mercado, planteó en 2007 una gran ampliación de capital que redujo su valor hasta los cuatro euros por acción, precio del que nunca se ha recuperado. La banca privada española en esas fechas demandó al mercado 130.000 millones de euros en nuevas ampliaciones de capital, que diluyeron brutalmente el peso de sus accionistas anteriores. Nunca se han recuperado de la pérdida de confianza que ello provocó. Durante años ningún analista serio aconsejaba invertir en bancos españoles.

La ley de cajas de 1985 no preveía la entrada de capital de terceros mediante la emisión de acciones. Al parecer en

2008, inmediatamente después de las elecciones generales, el gobernador del Banco de España, Miguel Ángel Fernández Ordóñez, había propuesto al PP, otra vez en la oposición, una nueva legislación que contemplara su posible privatización. Según esta versión, el PP habría aceptado el acuerdo, pero fue vetado por el entonces vicepresidente del Gobierno, Pedro Solbes. Fue la última oportunidad de realizar una reestructuración ordenada del sector bancario español. A partir de ahí, todo lo demás fue más o menos inevitable: cataratas de pérdidas conforme se agudizaba la crisis económica sin que las cajas tuvieran acceso a nuevo capital.

Pero eso no fue todo. Por aquellas fechas yo trabajaba para un banco de inversión internacional, Lazard, y en esa condición visité al vicepresidente Solbes, con el objetivo de ofrecerle nuestra experiencia en otros países, Suiza o Suecia entre otros, para crear un banco malo en España. El ciclo inmobiliario no coincide con el ciclo bancario, el primero es mucho más lento tanto para subir como para bajar. Varios países, por un camino o por otro, habían ido sacando de los balances bancarios los activos inmobiliarios para sanear las entidades. Era, sin duda, un tema delicado en el que el precio de transferencia resultaba clave para evitar un rescate encubierto a costa del contribuyente. Sin embargo, el vicepresidente económico del país de la OCDE con mayor déficit exterior, en gran parte relacionado con el sector inmobiliario, no aceptó mi oferta ni ninguna otra para crear ese fondo de reestructuración de los activos financieros, es decir, lo que se conoce como un banco malo.

Fue la Comisión Europea quien impuso la creación del banco malo en 2012, cuando ya era todo demasiado tarde.

¿Por qué el Gobierno del PSOE, entre 2008 y 2011, y el del PP, en 2011 y 2012, se negaron a crear un banco malo? Lo cierto es que las dos grandes entidades del país, Santander y BBVA, eran totalmente contrarios a crear ese fondo, bajo el argumento de que perjudicaba su imagen en los mercados internacionales. Ahí radicaba el verdadero poder.

Mi opinión, entonces y ahora, es que su objetivo real era someter al mercado bancario doméstico a un castigo muy duro que solo ellos, con ingresos en el exterior, podrían aguantar. Vista la evolución de sus cotizaciones desde entonces, no creo que sus accionistas estén de acuerdo con ese análisis. Había más gente a favor de crear un banco malo, incluso dentro de esos bancos, aunque nadie quería significarse. La larga mano de los dos grandes del sector llegaba desde luego al Banco de España, que increíblemente no se pronunciaba sobre una cuestión tan importante.

Me llamó mucho la atención que, en el debate televisivo entre los candidatos a las elecciones de 2011, Mariano Rajoy y Alfredo Pérez Rubalcaba, el primero —fiel a su estilo— no concretaba nada sobre el saneamiento bancario, pese a las presiones del segundo, hasta que el popular afirmó rotundamente que si llegaba al Gobierno no habría un banco malo. «Caray —pensé al escucharlo—, lo que mandan Emilio y Paco», en referencia a Emilio Botín, presidente del Santander, y Francisco González, del BBVA.

Alemania, Bélgica y los Países Bajos habían saneado sus sectores bancarios en 2008 y 2009 sin que la Comisión Europea dijera nada ni pusiera objeciones a las ayudas de Estado. Recuerdo que en aquella época le comenté a un compañero en Lazard, Pedro Pasquin, que era un gran error no acometer las reformas cuando las hacían los alemanes porque en ese momento valía cualquier ayuda de Estado. Una apreciación que era válida entonces y lo sigue siendo ahora.

Por desgracia, en 2008 el Gobierno estaba centrado en presumir de tener el mejor banco supervisor y el sistema bancario más saneado del mundo. Unas presunciones que nos costaron el peor manejo de la crisis financiera de toda la zona euro.

CAPÍTULO 2

El carácter es el destino.

Heráclito

He de confesar que en el momento de mi llegada a Caja Madrid estaba bastante eufórico, con ganas de sumergirme en la que creía que iba a ser la última etapa de una vida profesional que había comenzado en 1975 trabajando para mi padre cuando volví de la Universidad de Berkeley, en California. Hasta entonces, había tenido básicamente tres jefes: mi padre, Manuel Fraga y José María Aznar.

Creo que los tres me habrían aconsejado cosas distintas para la etapa que estaba a punto de empezar. El primero, tener audacia y una visión clara de los colaboradores; el segundo, rigor con la realidad; y el tercero, cautela, empezando por mí mismo. Pero seguramente tampoco les habría preguntado al respecto. Fraga y Aznar me habrían desaconsejado ir a Caja Madrid: ambos creían en mi futuro en la política. Mi padre no sé qué hubiera dicho ante la disyuntiva de elegir entre política o empresa. En todo caso, don Ramón y don Manuel ya no vivían.

Para un madrileño como yo, la vinculación con la caja de ahorros de Madrid había sido algo habitual en el paisaje de la ciudad. Aunque en realidad yo procedía de una familia asturiana en todas sus generaciones, salvo por dos apellidos

—uno, francés y el otro, irlandés—, cuya trayectoria pasaba por Cuba y por el sector minero en el siglo XIX. Pero tanto yo como mis dos hermanos, Ramón y Mani, ya nacimos en Madrid y vivimos toda nuestra vida en el mismo barrio, cerca del Retiro.

Durante mis años en el Colegio de los Jesuitas de Areneros, donde entré con seis años y donde ya estudiaba mi hermano Ramón, se produjeron dos cambios que iban a condicionar en parte mi futuro. En los colegios españoles se pasó en aquella época del francés al inglés como lengua extranjera obligatoria, lo que llevó a mis padres a intentar reforzar su enseñanza. Fue también por entonces cuando se popularizó la teología de la liberación, que varió radicalmente la enseñanza que daba la orden, antes centrada principalmente en las clases dirigentes.

Mi llegada a la universidad, para estudiar Derecho en la Complutense, se produjo durante los míticos años sesenta, en los que todo cambió en casi todo el mundo. Empezamos la década con los primeros pasos del *rock* y del Technicolor; aún sumidos en la autarquía, sin noticias de la píldora anticonceptiva, íbamos a ver las películas que dirigía Roberto Rossellini y las que protagonizaba el mítico Fernandel, y leíamos las novelas de W. Somerset Maugham y de Albert Camus. A finales de aquella década llegaron los años del amor en Ibiza, el desarrollismo, la apoteosis del pop inglés, la revolución estudiantil del 68 contra Franco, Vietnam, De Gaulle. Era la época de la *nouvelle vague* francesa, de Federico Fellini, de Mario Vargas Llosa y de Gabriel García Márquez. Nunca se ha vivido nada parecido. Era maravilloso tener veinte años entonces. Todo parecía posible. Un espíritu que, en parte, se podría decir que perduró hasta 2008.

En esos años, España también se transformó muchísimo, pero aún quedaba lo mejor por llegar, después de 1975. En 1971, acabada la carrera y la mili, tuve la suerte de poder ir a estudiar a Estados Unidos un máster en Administración de Empresas. La Universidad de California en Berkeley, situada enfrente de la bahía de San Francisco, fue la guinda de mis primeros veinticinco años. Aprendí macro y microeconomía, contabilidad, *marketing*, finanzas. Acababa de descubrirse la teoría de la eficiencia de los mercados financieros, que establecía que los precios reflejaban toda la información de la que disponía el mercado, lo que suponía la perfección del capitalismo. Después ya vinieron Ronald Reagan y Margaret Thatcher con la teoría de la oferta, la explosión del capitalismo financiero y, mucho después, la unión monetaria y el fiasco de todo el modelo en 2008. Ese fue el mundo que me influyó en el inicio de mi carrera y en el que creí. Ahora asistimos a la compra del Estado de toda su propia deuda como salvación de los mercados. *Plus ça change, plus c'est la même chose* («cuanto más cambia algo, más se mantiene igual»). Lo que se siembra se recoge.

Poder estar en aquellos años explosivos y vitales en California fue un enorme regalo para mí. Se trataba de una parte de Estados Unidos llena de magia y misterio, a la que los españoles le dieron el nombre de la tierra mítica de los libros de caballería que se llevaron los exploradores para entretenerse durante sus propias andanzas. En España no me estaba perdiendo tampoco nada. El tiempo se encontraba suspendido en todo el país mientras se esperaba la muerte de Franco. En 1973 se produjo la Revolución de los Claveles en Portugal y la caída de Salvador Allende en Chile y ni una ni otra tuvieron consecuencias para nuestra nación.

Por aquel entonces, el país no pertenecía ni a la Alianza Atlántica ni al mercado común, pero sí estaba integrado en el bloque norteamericano. Los primeros gobiernos democráticos corrigieron esa situación, con más ayuda alemana y estadounidense que francesa, y nos anclaron en el seno de las dos organizaciones clave del mundo occidental.

Yo volví a España a finales de 1974, justo cuando ETA asesinó al presidente del Gobierno, Luis Carrero Blanco. Empecé a trabajar para mi padre en Asturias y Madrid, en el ámbito de la alimentación y la construcción. Pasé en pocas semanas de Berkeley al concejo de Colloto, pero con veinticuatro años más que el lugar lo que importaba era la acción. Madrid, Asturias, Barcelona seguían estando como las había dejado, pero las cosas empezaban a moverse. Toda mi generación tenía la misma actitud: había que pasar a la acción, moverse, cambiar. *Move fast and break things* («muévete rápido y rompe cosas»), como diría cuarenta años después el fundador de Facebook. El final de aquella década fue muy difícil para la población en general en términos económicos debido a la segunda crisis del petróleo, de la que España no había podido escapar como sí sucedió en la primera. Un poco como sucedería en 2008. Hubo elecciones democráticas, se elaboró y votó la Constitución, se celebraron los Pactos de la Moncloa. Sin embargo, las empresas seguían sin acceso al crédito y los precios crecían a un ritmo del 18 %. Rozábamos el abismo, con un desempleo que entró en la zona de los dígitos para salir muy pocas veces de ahí. Fuera, el panorama no era muy distinto. Jimmy Carter dejaba paso a Reagan en la presidencia de Estados Unidos; James Callaghan, en el Reino Unido, a Thatcher; Valéry Giscard d'Estaing a François Mitterrand. España miraba en aquellos años hacia Francia, socialista y nacionalizada. Un experimento que duró dos años. El tiempo justo para que Felipe González eligiera a Miguel Boyer en vez de a Fernando Morán para dirigir la economía española. Una decisión que resultó providencial.

Yo vivía al margen de toda esa actividad política. Empezar a trabajar y disfrutar de esos años de juventud eran tarea e interés más que suficiente para mí. Nunca había sido socialista ni comunista ni franquista. Quería otra España, menos dogmática, y mis años en Estados Unidos me habían influido en la forma de ver la vida. La teoría de la oferta me parecía atractiva después de la debacle de los años setenta, que se habían saldado con la dureza de la estanflación. En España se respiraba la negación de todo el franquismo en bloque. La izquierda tenía el atractivo de lo joven y lo nuevo, con el magistral encumbramiento de los Felipe *boys*, jóvenes que vestían corbata pero sin abrocharse el botón de la camisa, una estética estudiada que algunos atribuyen a la OTAN e, incluso, a los servicios secretos de Franco. No podemos olvidar tampoco el papel que en aquellos años jugaron los socialistas alemanes. Tiempo después, siendo yo ministro, conocí a Oskar Lafontaine, miembro del ala más izquierdista del SPD —con los años acabaría fundando su propio partido, Die Linke («La Izquierda»)—. Se le iluminaban los ojos al recordar las noches madrileñas cuando acudía a entregar la ayuda que su equipo prestaba a los correligionarios españoles. En maletas, decía a carcajadas. Maletas. El país quería un cambio, pero estaba claro que no querían el marxismo. A finales de los años ochenta, Julián Marías, un intelectual represaliado por Franco, lo describiría magistralmente: «Los españoles piensan que si hubiera ganado el otro bando hubiera sido peor». El PSOE de Felipe González abandonó el marxismo en 1979, se comió a los comunistas en repetidas ocasiones, no nos sacó de la OTAN y nos metió como pudo en el mercado común. Con esos mimbres gobernó durante trece años ininterrumpidos. Ahora vive en mi barrio, cerca del Retiro.

La centroderecha de aquellos años era amable y simpática; no plantaba cara a la izquierda, a los que reconocía que el futuro les pertenecía. ¿Quién les habría engañado? Sin duda, era la mala conciencia. Yo no coincidía con ellos ni con su planteamiento. No me sentía responsable ni heredero del franquismo. Con la llegada de la democracia todos empezábamos de cero y no era cuestión de hacer lo que no había funcionado ni en Estados Unidos ni en el Reino Unido ni en Francia en aquellos años. Es ahí, en mi opinión, donde la centroderecha empezó a perder la batalla del relato, la cultural.

Mi padre, un monárquico de don Juan como mi madre, quería tener un hijo en política. Me presentó por aquellos años a Manuel Fraga, lo que cambió mi vida, otra vez. No fue amor, ni una cuestión de fe. Pero aquella personalidad indomable, arrolladora, combinada con una enorme inteligencia me resultó fascinante. Fraga se había convertido en una especie de Pepito Grillo de la centroderecha española. Quería crear un partido de carácter nacional, pero no quería hacerlo solo con señoritos, sino que contaba con una amplia infraestructura de fieles fraguistas, repartidos por todos los pueblos del país. Bastantes jóvenes de mi generación nos sentimos atraídos por esa aventura, que es lo que en realidad era. En 1979 la UCD de Adolfo Suárez parecía invencible; en 1982 lo parecía el PSOE. Después de 1986, las únicas mayorías absolutas electorales las ha obtenido el PP, construido sobre la base de ese fraguismo. Olvidar los orígenes en 2012 rompió el embrujo, el cual, una vez roto, es difícil de recomponer. La leyenda sobre la magia electoral del PSOE durante aquellos años se olvida de los problemas que siempre había con el censo durante los Gobiernos de González.

Todavía hoy no puedo imaginar nada más apasionante que aquella aventura de construir la verdadera alternativa al socialismo, ante la incredulidad de propios y ajenos que no daban un duro por nosotros o que jugaban a todas las bandas. ¿Y quién no lo hace siempre en España? Coincidí con tres generaciones de políticos de centroderecha durante aquellos treinta años en los que participé en política. Fui amigo de todos y todavía hoy lo soy de bastantes. ¿A quién se le puede explicar lo divertido que era ir a la sede de Alianza Popular de Grazalema, en la sierra de Cádiz, un sábado por la tarde con Teófila, Mon, Miguel, Jesús, Mercedes y tantos otros? Obtuve mi acta de diputado en octubre de 1982. Un año antes habíamos creado la Comisión de Economía de AP en el piso de abajo de la cafetería California 47. Había pánico en una parte de España y gran ilusión en la otra. El PSOE no era la UCD. Ninguna contención. Después de cuarenta años, querían dejar claro que ahora les tocaba a ellos.

González ofreció a sus electores la incorporación al mercado común a cambio de aceptar la entrada en la OTAN, y sus votantes accedieron. Alianza Popular propuso la abstención en el referéndum de la OTAN, gran equivocación. Recuerdo a Fraga diciendo que «nunca se debe entrar en algo si no tiene salida» y esa fue la posición que el partido defendió en el referéndum de la OTAN. Ahí aprendí que, en política, todo lo que hay que explicar con mucho detalle tiene las de perder y pierde. Como consecuencia de ese fracaso, el capitalismo español montó una alternativa a AP con los «mejores y más brillantes» para superar electoralmente el techo de Fraga. Fue la llamada Operación Reformista. Contaban con muchísima financiación y, pese a ello, no sacaron un solo escaño. Pero nos quitaron votos en aquellas elecciones de 1986. González ganó por mayoría absoluta por última vez. Yo volví a salir elegido diputado por la maravillosa provincia de Cádiz. En aquellos años, vivía con Teo y Santiago, que serían amigos para toda la vida.

El censo —siempre el censo— de aquellas elecciones fue un desastre. Los democratacristianos traicionaron a AP nada más cerrarse las urnas. Pero, aun así, para echar a Fraga se necesitaron más traiciones. Finalmente entendió que había alcanzado su techo electoral y presentó la dimisión. AP entró entonces en una crisis que Antonio Hernández Mancha, el que era hasta entonces líder del partido en Andalucía y que asumió las riendas de AP tras ganar a Miguel Herrero en unas primarias, no supo resolver.

En aquel año de 1987, yo me casé con Gela. A los dos años, Fraga volvió para hacerse cargo de nuevo de AP. Fue una época que viví con enorme intensidad, incluido el nacimiento de nuestra primera hija.

Empezó a formarse entonces un equipo que acabaría conquistando el poder entre 1995 y 1996. A su vuelta como líder, Fraga impulsó la unión de AP con liberales y democratacristianos, que apenas contaban con un puñado de votos, pero completó su obra de tratar de unificar a la centroderecha en una única candidatura. En el nuevo equipo que formó Fraga, me incluyó junto a Federico Trillo y Juan

José Lucas como vicesecretario general, con Francisco Álvarez-Cascos de secretario general.

Aquel verano de 1989, los cuatro viajamos hasta Perbes, donde Fraga pasaba sus vacaciones, y le propusimos que José María Aznar, entonces uno de sus nueve vicepresidentes, fuera el candidato a presidir el partido y a presentar en las elecciones generales. González, al ver a la oposición sin candidato, había adelantado ocho meses las elecciones, lo que aceleraba la toma de decisiones. Fraga aceptó nuestra propuesta. En aquellos comicios mantuvimos el porcentaje de votos. Fui el responsable electoral de aquella campaña a la que nos enfrentamos al problema de movilizar a un votante harto del caos que habíamos vivido los últimos años. «Palabra» fue el lema elegido entonces, con la imagen de un Aznar con las cejas demasiado pobladas en el cartel electoral. El PSOE perdió la mayoría absoluta, los problemas del censo fueron aún mayores que en anteriores comicios y hubo que repetir la votación en Melilla y en Murcia. Ese 1989 ya fui en la lista por Madrid y, cuando se constituyeron las Cortes, pasé a ser portavoz parlamentario. El partido aceptó, a cambio de nada, dar por buenos los cuatro diputados obtenidos por Herri Batasuna pese a no jurar la Constitución, lo que permitió al socialismo gobernar en solitario.

Aquellas elecciones generales dieron como resultado un nuevo jefe de la oposición, José María Aznar, y su nuevo equipo: Álvarez-Cascos de secretario general; Federico Trillo, en la mesa del Congreso; Juan José Lucas, en Génova, y Loyola de Palacio y yo, en el Congreso. El inicio de aquella nueva etapa culminó con la celebración del congreso del partido en Sevilla, donde se cambió el nombre del conjunto y donde Aznar fue aclamado presidente con el objetivo de abrir el partido al centro para alcanzar el poder. Fue allí donde Fraga pronunció su famoso «ni tutelas ni tutías», al referirse a la carta de dimisión sin fecha que Aznar le había entregado con anterioridad.

Mientras tanto, la derecha sociológica seguía sin darle demasiadas opciones a José María. Felipe era su ídolo. No en vano, «España era el país donde se ganaba dinero más deprisa», como declaró su ministro de Economía, Carlos Solchaga. Solo José María Cuevas y su equipo de la CEOE nos daban algo de confianza. Por el lado de la izquierda, tras el triunfo de la huelga general de 1988, el secretario general de UGT, Nicolás Redondo, y Julio Anguita, al frente de Izquierda Unida, le plantaban cara a González. Él mismo hablaba del riesgo de «morir de éxito», aunque la realidad era que su política económica no generaba nuevos empleos y la única receta del partido era más gasto público. En aquellos momentos, el Banco de España aconsejó al Gobierno pegar la peseta al marco, con la esperanza de que la presión obligara a los agentes económicos a adoptar medidas para mejorar la competitividad, sin mucho éxito.

La entrada de España en el mercado común, el 1 de enero de 1986, había atraído mucha inversión extranjera, pero ese atractivo se estaba acabando. Los altos tipos de interés para mantener una peseta sobrevaluada erosionaban la inversión y la indexación de los salarios a la inflación mermaba la competitividad. La economía se resentía. Fue en esos años cuando estalló la corrupción vinculada con la financiación ilegal del PSOE, a través del caso Filesa, con los delitos contra Hacienda de una clase rica bien conectada con el PSOE a través del escándalo Ibercorp, con el abuso de los fondos públicos por parte del que era director de la Guardia

Civil, Luis Roldán... El PSOE sufría un enorme desgaste y las encuestas empezaron a darnos opciones reales de Gobierno. Pero Felipe González apeló al mensaje del miedo, asegurando que bajar impuestos solo se podía hacer a costa de las pensiones, un mensaje que se repite treinta años después. Volvimos a perder las elecciones de 1993, aunque el PSOE quedó lejos de la mayoría absoluta.

En aquellos años me hice bastante popular porque, como portavoz del grupo en el Congreso, salía en televisión casi todos los días. Fue una etapa frenética y creativa. Éramos un equipo cohesionado con un jefe, algo que con el tiempo descubrimos que a Aznar no le gustaba tanto como pensábamos. Pero entre 1989 y 1999 la fórmula funcionó muy bien. Al fin y al cabo, él fue nuestro elegido en Perbes y no al revés. El equipo se extendía al grupo parlamentario y su asesoría, de donde saldrían muchos nombres que integrarían el futuro Gobierno.

Hicimos una oposición constante, total y dura, de acoso y derribo. Llegaron los debates en televisión, que empezamos a ganar poco a poco. Éramos más jóvenes y no reconocíamos la superioridad moral de la izquierda; sabíamos más. El PSOE ya había dejado de ser novedad, estaba muy visto, los costurones de sus errores eran evidentes, la economía iba para atrás. Tras las municipales y autonómicas de 1995, el PP empezó a gobernar en muchos ayuntamientos y comunidades autónomas. Lo que antes era una excepción —Galicia, Baleares, la ciudad de Madrid y Castilla y León— se convirtió en la mayoría. Hubo que utilizar a la Fiscalía y el caso Gürtel para debilitar ese proceso. Desde entonces, y a modo de resumen de lo que sucedió hasta 2018, cuando los españoles han estado dispuestos a abrazar el relato, han votado al PSOE; si querían mejorar su situación económica, han votado al PP. Ahora las apuestas son distintas.

La noche electoral de las generales de marzo de 1996 fue larga y ganamos por los pelos. José María había cogido miedo a los debates en televisión y eso siempre da mal resultado. Los españoles no te hacen presidente si te arrugas. Con una victoria sin mayoría absoluta, las negociaciones con los grupos parlamentarios tomaron el protagonismo. El primer sí nos lo dio Coalición Canaria de la mano de José Carlos Mauricio, un antiguo comunista que había apostado por el cambio en el Gobierno desde 1993. Dejé de tratarle una vez en el Gobierno, cosa que lamento profundamente. Cuando estás subiendo, se te pueden olvidar algunas personas de manera injusta. Después llegó Convergència i Unió. El presidente de la Generalitat, Jordi Pujol, había aceptado involucrarse en la gobernabilidad nacional desde 1993 y fue su voto en contra de los presupuestos del Estado para 1996 lo que acabó con la etapa de González. Nosotros le ofrecimos algo que no podía rechazar: la corresponsabilidad fiscal. Qué más puede querer un nacionalista. CiU ya había dado un paso atrás en el tema cuando la negociación constitucional, con el argumento de que los impuestos eran impopulares. Ahora creían que podían manejar esa cesión, lo que ha resultado equivocado con Cataluña a la cabeza de la presión fiscal y Madrid a la cola. Pero eso es otra historia.

Pujol había acuñado, al principio de esa década, el término «economía productiva» frente al fundamentalismo del Banco de España de ligar la peseta al marco sin acompañar la decisión de reformas estructurales, lo que nos llevó a las cuatro devaluaciones de la peseta que se produjeron entre 1992 y 1995. Los dos partidos estábamos bastante de acuerdo en política macroeconómica y, sobre todo, en política tributaria. Coincidíamos en que la presión fiscal normativa y la seguridad jurídica eran tan importantes para el crecimiento como las tarifas impositivas. Los españoles nunca lamentarán lo suficiente la desaparición de CiU en su papel de racionalizar la legislación tributaria, la gran traición del PP a sus votantes en 2015. En aquella primera legislatura, los inspectores de Hacienda convocaron bastantes huelgas cuando Juan Costa, secretario de Estado de Hacienda en nuestra primera legislatura en el Gobierno, y su equipo acordaron limitar el periodo de inspección a un año. También aprobamos el Estatuto del Contribuyente. La economía y el empleo crecieron. Ganamos por mayoría absoluta en el año 2000 y luego en 2011 prometiendo lo mismo, aunque entonces el PP incumplió su promesa.

Yo llevaba las negociaciones con el portavoz de CiU en el Congreso, Joaquim Molins, y viajaba con frecuencia a Barcelona. Pero no era el único motivo. En plenas negociaciones, en abril de 1996, nació en Barcelona nuestra segunda hija; también allí nacería un año después nuestro tercer hijo. Jaime Mayor negoció con Xabier Arzalluz y le trajo a Génova 13. Los tres nacionalismos con representación parlamentaria respaldaban al Gobierno del PP. Una alianza histórica que enterraba una parte importante del pasado, aunque, visto en perspectiva, parece que no con la profundidad suficiente. Todos los pactos se hicieron por escrito y se cumplieron. Me sorprendieron mis propias lágrimas al ver a José María obtener los votos necesarios del pleno del Congreso y ser investido presidente. Fue solo un segundo. A la hora de formar Gobierno, Aznar me ofreció dirigir la economía y le pedí ser vicepresidente, porque sin autoridad sobre los Ministerios de gasto era difícil sacar algunos planes adelante. Aznar aceptó, pero hizo a Paco Cascos vicepresidente primero. Siempre trabajamos bien juntos y lo seguimos haciendo todos esos años. Un año después, el PNV pactó con ETA y el camino emprendido se truncó. Con CiU y Coalición Canaria entramos en el euro en 1998, dejando atrás la decisión de González y Pedro Solbes de aplazar la entrada en la moneda única a una segunda fase, junto a Italia. Una decisión muy importante de Aznar en la que demostró su gran decisión y disciplina.

Desde la Vicepresidencia Segunda y las cuatro Secretarías de Estado que formaban mi cartera, controlaba toda la economía, que se coordinaba desde una Comisión de Asuntos Económicos de lujo. Al mes de llegar al Gobierno presentamos un paquete de decretos económicos que decidieron la trayectoria de aquella legislatura, unos decretos diseñados con precisión por la Comisión Delegada bajo la pluma jurídica de Fernando Díaz Moreno. González había dejado las arcas vacías: había que adoptar medidas con rapidez. Luis Ángel Rojo, el histórico gobernador del Banco de España, creyó en nosotros y bajó los tipos de interés. Lo que Cristóbal Montoro llamaría luego «el círculo virtuoso de la economía» se había puesto en marcha. A eso se sumaron las liberalizaciones de muchos sectores y las privatizaciones de empresas públicas, con salidas del capital al mercado y no mediante adjudicaciones a grupos empresariales ya instalados en este, como había hecho el socialismo hasta entonces. Las plusvalías encubiertas de tantos años pasaron al bolsillo del público; con el respaldo de una moneda fuerte como el euro las grandes compañías españolas desembarcaron en América Latina, una región en la que entonces pocos querían invertir tras la debacle de la década anterior, crisis del tequila incluida. Fue el momento perfecto: no hay nada como el *timing* en esta vida.

El PSOE no solo nos dejó la caja vacía sino un presupuesto de estructura inmanejable. José Folgado enderezó aquello en meses, pero el seguimiento fue exhaustivo toda la legislatura. Durante cuatro años me reunía periódicamente con él y con los responsables de Sanidad, Trabajo y Fomento para poner orden en un Estado que no sabía ni cuántos medicamentos gastaba ni el número de bajas por accidentes laborales que pagaba ni los kilómetros de carretera que ejecutaba. Las relaciones con la economía real las llevaba José Manuel Fernández Norniella. José María Cuevas, presidente de la patronal CEOE, y Antonio Gutiérrez, secretario general de Comisiones Obreras, habían sido grandes interlocutores cuando estábamos en la oposición y lo siguieron siendo en el Gobierno. Cada cual defendía sus intereses, por supuesto. Pero éramos un Gobierno para todos y teníamos esa voluntad. Por primera vez en veinte años el Banco de España no tenía el mando de la economía, aunque el gobernador y yo nos veíamos muy a menudo, incluso en agosto en Vegadeo. Era, además, mi compañero en las reuniones del Ecofin, donde se empezó a diseñar el euro, lo que estrechó nuestra relación. Rojo tenía un gran prestigio en aquel mundo, al cual España siempre había ido sin haber hecho los deberes, y me ofreció un gran respaldo. Las estrechas relaciones de González con el canciller alemán, Helmut Kohl, y con el presidente de Francia, François Mitterrand, compensaban los incumplimientos, pero sin hacerlo carecíamos de ninguna influencia. Las nuevas políticas españolas gustaron: según nos decían, parecía que en España por fin se hacía el trabajo. Como en otras comunidades, dentro de la Unión Europea hay muchos tipos de grupos. En el Ecofin, uno de ellos era el de los países a los que hay que decirles lo que tienen que hacer y otro, el grupo de los que no. España pasó en esos años del primer grupo al segundo.

El lanzamiento del euro fue el todo de aquella legislatura: un objetivo, una disciplina, un proyecto histórico del que España iba a formar parte desde el principio, por primera vez. Tener mucho déficit público pasó de ser una política social a un riesgo macroeconómico y ese cambio caló en la gente. Flexibilidad y disciplina eran los mejores aliados de la política social y de igualdad de oportunidades. Todo el Gobierno compartía este discurso; el partido también. El mensaje del PSOE era que solo se podían bajar los impuestos reduciendo las pensiones y demostramos que, con crecimiento, eso no era así. Casi veinte años después, la retórica se repite. En aquel momento el cambio de expectativas fue definitivo. Recibir una economía justo cuando se está saliendo de una profunda recesión nunca ha sido una mala herencia para ningún gobierno. La coyuntura internacional ayudó a la recuperación hasta que tuvo lugar la crisis de los emergentes de 1998, cuando a los banqueros internacionales se les saltaban las lágrimas al ver sus bonus evaporarse. Pero para entonces ya habíamos cumplido las condiciones para entrar en el euro. Desde la entrada en el mercado común, doce años antes, España siempre había decepcionado una y otra vez a los inversores al incumplir las expectativas. Ahora creían en nuestro potencial. Aznar pasó a ser el *primus inter pares* de la centroderecha europea, después de la retirada de Kohl, como González lo había sido en la centroizquierda tras la salida de Mitterrand. Dos personalidades tan distintas mantuvieron a España en el candelero de la política internacional. Uno y otro fueron respetados en Europa y tenidos en cuenta en Washington. ¡Qué más se podía pedir! Tiempos aquellos.

Con la salida del Gobierno de Felipe González, el PSOE cambió de líder. Joaquín Almunia asumió las riendas del partido y dio un giro a la izquierda. Perdió en las elecciones del año 2000. Aznar cumplió su promesa de no adelantar las elecciones y aguantó los cuatro años completos. A mí me daba miedo el cambio de ciclo en la economía, con un petróleo al alza los últimos doce meses de la legislatura y dado que España estaba en expansión desde 1995. Él acertó y ganamos por mayoría absoluta. No quise ser director de la campaña electoral y fue Mariano Rajoy quien la dirigió. ¿Una premonición?

Tras la victoria, Aznar le ofreció a Pujol entrar en el Gobierno, oferta que no aceptó, aunque seguimos colaborando hasta el final de esa segunda legislatura. CiU apoyó la política económica de esos segundos cuatro años, incluido el Plan Hidrológico Nacional y la reforma educativa. Las dos medidas fueron anuladas por José Luis Rodríguez Zapatero nada más llegar al poder, en 2004. En esa segunda legislatura dejé las competencias de Hacienda, pero incorporé Industria y Energía a la Vicepresidencia Segunda. Aznar me pidió que no fuera vicepresidente primero y yo acepté. Decidió entonces hacer vicepresidente primero a Rajoy. ¿Más premoniciones?

Para entonces, en las reuniones del Ecofin yo era ya de los más veteranos. Alemania y Francia entraron en crisis y fue entonces cuando se empezaron a incumplir las reglas fiscales. Desde finales de los años noventa, cada vez que viajaba a Washington había empezado a visitar a Alan Greenspan, el presidente de la Reserva Federal de Estados Unidos, lo que me proporcionaba información interesante de cómo veía las cosas el banco central más importante del mundo. Muchos de esos viajes tenían que ver con las reuniones que celebraba dos veces al año el Fondo Monetario Internacional, reunión a la que asistía en nombre de España. Viendo cómo funcionaba aquella organización, recuerdo haber contado a los míos que aquello era un trabajo imposible.

Fue en esa segunda legislatura cuando Aznar empezó a mandar en solitario. Desde septiembre de 1989, dos veces al año nos reuníamos unos cuantos dirigentes del partido para diseñar la estrategia de los siguientes meses. La última reunión que celebramos fue en septiembre de 1999. Llevábamos siendo buenos amigos desde 1983. Nunca me importó estar a sus órdenes: él mandaba bien y a mí me dejaba hacer. Aznar se comprometió a no estar en el Gobierno más de dos legislaturas, así que ese segundo mandato tenía el condicionante de su sucesión al frente del partido. Él quería imponerla, pilotarla: «No es una herencia a beneficio de inventario», decía. A mí esa decisión no me pareció bien, a pesar de que yo nunca había pensado en ser presidente del Gobierno. En muchos sentidos, mi ambición y expectativas estaban más que colmadas. Pero en todo caso era mi decisión, no la que alguien tomara por mí. Porque, en último extremo, Aznar era nuestro elegido, no al revés. En todo caso, no nos entendimos y, para colmo, yo decidí anunciar mi disposición a optar a la candidatura en público sin contar con él. Irak hizo el resto.

Es público y notorio que nunca compartí la necesidad de comprometernos de la forma en que lo hicimos con esa guerra. Me acuerdo diciéndole precisamente a Rajoy aquel invierno de 2003, caminando por el jardín de La Moncloa a la sala de prensa, que había que seguir el modelo de la guerra del Golfo: «Hay que hacerlo como Felipe [González]. Decir que no apoyamos la guerra y ayudar a tope». El entorno de Aznar hizo el resto. Rajoy ofrecía mantener a todos en su equipo y lo cumplió. Aznar protagonizó la decisión totalmente, un dedazo que no vino bien a nadie. Yo me quité de en medio. La campaña electoral fue muy floja: se transmitió la impresión de que la cosa estaba hecha. Los *trackings* electorales de marzo en Madrid, por donde yo iba de número dos, solo daban empate.

Entonces se produjo el atentado, el más horrible, salvaje y fatídico de nuestra historia. En ese momento, Rajoy desapareció de la agenda pública y Aznar creyó que podía aprovechar la situación sin salir de La Moncloa. El histórico dirigente del PSOE y entonces presidente de la Junta de Extremadura, Juan Carlos Rodríguez Ibarra, nos llamó aquella mañana para plantear una reacción conjunta. Aznar me pidió que hablara con él pero que rechazara el planteamiento, porque el Gobierno iba a convocar en solitario manifestaciones en toda España de rechazo al atentado. Al día siguiente, viernes, nuestra suerte estaba echada. El sábado, jornada de reflexión, el PSOE organizó un ataque a nuestras sedes.

En la recta final de la campaña electoral, el director gerente del FMI, el alemán Horst Köhler, había presentado su dimisión porque había sido designado presidente de su país. A la entrada de uno de los mítines a los que asistía cada día, en el noroeste de Madrid y acompañado por mi hijo, la prensa me preguntó si aceptaría ese puesto. Quedé muy sorprendido por la pregunta. no se me había pasado por la cabeza optar al cargo.

El domingo 14 de marzo perdimos las elecciones. Una vez cerradas las urnas, me acerqué a Génova a estar con mis compañeros de partido durante el recuento electoral. Aznar también acudió a la sede. Nos saludamos. Parecía un funeral. A la semana siguiente, como vicepresidente segundo en funciones, tenía que acudir a Lima para participar en la Asamblea del Banco Interamericano de Desarrollo. El presidente de la entidad, Enrique Iglesias, un actor bien conocido en la región, organizó el respaldo de los países que integraban el BID a mi candidatura al Fondo. Los países latinoamericanos llevaban más de veinte años entrando y saliendo de sus programas de asistencia financiera.

Era la primera vez que un hispano tenía la oportunidad de ser director gerente del organismo. A la semana siguiente, el Ecofin se reunía en Dublín. Una mayoría de países se posicionaron a favor de mi candidatura. En ese tiempo, Aznar consiguió que el presidente estadounidense, George W. Bush, me respaldara y que el presidente italiano, Silvio Berlusconi, no planteara la candidatura de Giulio Tremonti como alternativa. Solo quedaba el pequeño detalle de que el nuevo Gobierno español me propusiera. Rodríguez Zapatero, al que no conocía prácticamente, me pidió que no usara el cargo para meterme en política nacional. Me comprometí a ello sin ninguna dificultad, pues no pensaba hacerlo. Gordon Brown, mi homólogo británico, consiguió los votos de las dos sillas africanas a cambio de impulsar el perdón de la deuda de los países más pobres. Rafael del Pino padre, uno de los empresarios más respetados del país, me dio una gran cena de despedida, con la asistencia de Emilio

Botín, quien siempre me distinguió con su amistad. Dos colosos de nuestro empresariado. Viajé a Washington a que el consejo del Fondo me entrevistara. Era mayo de 2004. Un mes más tarde aterrizaba en el aeropuerto Ronald Reagan, en Washington DC, para incorporarme a un cargo que yo mismo había definido como «imposible».

¡Noventa países, diecisiete sillas en el consejo, derecho de veto estadounidense y responsabilidad de supervisión macroeconómica mundial! El Fondo era una de las dos instituciones creadas en 1945 en Bretton Woods; la otra era el Banco Mundial, presidido entonces por Jim Wolfensohn, un australiano, exbanquero de Wall Street, chelista, propuesto por Bill Clinton para el cargo. Un hombre encantador que me ayudó mucho, en todos los sentidos. La crisis del estallido de la burbuja tecnológica —las *dot com* o punto com— se había producido dos años antes. Alan Greenspan seguía presidiendo la Reserva Federal, lo que me facilitaba la interlocución con el principal accionista del organismo. La ultraliberalización financiera de finales de los noventa se extendía por todo el mundo, desarrollando una ingeniería capitalista revolucionaria que multiplicaba el apalancamiento, es decir, el endeudamiento para financiar una operación. La necesidad de acudir al Fondo en busca de ayuda y de someterse a cambio a su disciplina fiscal podían sortearla aquellos países que tenían acceso a los mercados. La institución era poco querida por sus imposiciones: recorte del gasto social, total liberalización del control de cambios. Hacía pocos años de la crisis de 1997 y 1998 que acabaría arrastrando a todo el sudeste asiático, Rusia, Brasil y México. Malasia fue el país que mejor salió de aquella situación gracias a implantar un control de cambios, una cuestión anatema para el Fondo. Se nos consideraba un agente del capitalismo internacional para imponer políticas de austeridad en los países deudores, garantizando así que los acreedores cobrasen. Sin embargo, el aval del FMI era necesario para que el sector privado invirtiera en una economía emergente, incluso para Malasia, que tenía por aquel entonces a la mejor banquera central del mundo.

El consejo del Fondo, donde estaban representados los países miembros y que aprobaba tanto los programas de asistencia a los países en apuros como las evaluaciones anuales de cada Estado miembro, estaba dividido. Luego estaba la plantilla —el *staff*— de economistas profesionales del organismo, de todas las nacionalidades, procedentes de las distintas administraciones nacionales y de destacadas universidades, sobre todo anglosajonas. Entre medias de los gobiernos y del *staff* estaba el director gerente, en ese caso yo. Mi antecesor había creado un departamento de seguimiento financiero a raíz de la crisis de las punto com, que no gustaba a los principales países desarrollados. Entendían que sus bancos centrales ya supervisaban los mercados, así como a las entidades financieras. ¿Para que querían la opinión de unos burócratas, dominados por la teoría, cuando los mercados ya reflejaban toda la información que era necesaria en sus precios? Nuestros contactos en Wall Street nos contaban que la valoración del riesgo real era cada vez más deficiente, pero se suponía que la Fed de Greenspan y el resto de los bancos centrales tenían una inteligencia financiera muy superior a la del FMI. Resultó ser que no.

Por otro lado, nos estábamos quedando sin «clientes» ya que los países emergentes podían financiarse a bajo precio en el mercado, sin la contrapartida de las impopulares reformas que exigía el Fondo, una disciplina que no se exigía a los países desarrollados. La opinión sobre las grandes economías ni siquiera se presentaba en esas naciones: bastaba con enviar una nota de prensa desde Washington. Y mientras tanto la situación se iba deteriorando. El déficit exterior de Estados Unidos había comenzado a ser un problema, ya que absorbía el exceso de ahorro del resto del mundo. Una bomba de relojería que requería de una discusión entre los grandes bloques económicos, pero el mandato del FMI no incluía ese tipo de supervisión multilateral. Tenía que ser voluntaria. ¿Pero por qué iban ciertos países a someterse a una supervisión adicional a la del resto del mundo, cuando además suponía leerles la cartilla en público? Para colmo, la representación accionarial del FMI no reconocía que países como China, México, Brasil o Corea del Sur tenían más importancia y peso en la economía mundial que Bélgica, Holanda o Austria. Se había quedado anclada en el mundo posterior a la Segunda Guerra Mundial. Un trabajo apasionante pero imposible. Luego estaba Argentina, en suspensión de pagos, una preocupación recurrente para todos los responsables del FMI, antes y después de mi partida. Antes de dejar Madrid para instalarme en Washington ya había tenido que reunirme con el representante de los acreedores de Argentina, que exigían la beligerancia del FMI a su favor. Un buen anticipo de lo que me esperaba en mi nuevo cargo, que incluía viajes transoceánicos cada diez días y agendas cargadas de reuniones nada más aterrizar, aunque ciertamente el nivel intelectual del *staff* era magnífico y el consejo, muy profesional. «Un Porsche», en palabras de Stanley Fischer. A toda velocidad, sin parar y sin llegar. Y con un sueldo casi diez veces el de vicepresidente español, ya que estaba libre de impuestos.

Nada más llegar al Fondo tuve un viaje por Asia que me llevó a Japón, China y Singapur, donde me entrevisté con su fundador, Lee Kuan Yew. En los tres años y medio que estuve al frente del organismo conseguí que México, Brasil, China, Corea y Turquía viesen aumentada su cuota de participación; que Estados Unidos, China, la UE, Japón y Arabia Saudí se sometiesen voluntariamente a una supervisión multilateral —la primera y la última—; que el Fondo presentase en cada país y con la correspondiente rueda de prensa el informe sobre el funcionamiento de su economía; que se revisase la decisión de supervisión de 1977, con el voto en contra de China, que lo consideró una herramienta del G7 para interferir en su política interna. El *staff* hizo todo lo posible para hacer un trabajo equilibrado, pero los chinos no se fiaron. Los países del G7 (Alemania, Canadá, Estados Unidos, Francia, Italia, Japón y Reino Unido), el Tesoro estadounidense y la Reserva Federal eran los principales accionistas del FMI y, por tanto, mis principales interlocutores. En esos años, evitamos que Argentina dejara el Fondo, lo que hubiera sentado un pésimo precedente, además de una locura.

Yo me había separado amistosamente de Gela en mayo de 2002, pero tenía tres hijos muy jóvenes que se turnaron para pasar un curso escolar en Washington. Mi vida personal era muy solitaria, aunque hice muy buenos y duraderos amigos aquellos años. En junio de 2007 anuncié mi dimisión para sorpresa e incomprensión de todos, incluida parte de mi familia. La primera de al menos tres decisiones que muchos consideraron caprichosas entre 2007 y 2012 y que acabaron con una carrera profesional que aparentemente iba muy bien. «El carácter es el destino», como decían los clásicos. En julio de aquel año, cuando estaba de visita en Brasil, estalló lo que era el comienzo de la crisis financiera que los bancos centrales debían haber evitado y el Fondo advertido. El mercado no reflejaba todos los riesgos.

Volví a Madrid en noviembre de 2007 y entré en el extraño mundo de la banca de inversión como asesor, un trabajo que desarrollaba también para varias compañías. Además, impartía conferencias sobre la economía internacional, en las que evitaba entrar en muchos detalles ya que acababa de dejar el FMI hacía apenas unos meses. Pedro, mi mánager, me regañaba por no dar titulares, pero yo no quería darlos. Tampoco estaba por la labor de entrar en política nacional, ¡para eso no le habría llevado la contraria a Aznar! Aun así, tuve varias ofertas importantes. Mariano Rajoy no gustaba a casi nadie. Él me había asegurado, en una visita que me hizo en Washington, que «Zapatero era un desastre y caería solo». España vivía alegre y confiada, incluidos los grandes empresarios. Me sorprendió la derrota de Rajoy en marzo de 2008. En septiembre de ese año, cayó Lehman Brothers pero el ambiente en España seguía como si nada estuviera pasando. Pese a mi empeño en dar conferencias tecnocráticas, eran bastantes las peticiones para que acudiera a sitios. No escribía artículos para no meterme en líos. Comí por última vez con Fraga, que estaba ya muy mal de las piernas pero veía las cosas clarísimas. Volvería a verle en su pequeño apartamento madrileño, por última vez en 2009. Había perdido su piso de catedrático. Ese año Alberto Núñez Feijóo salvó a Rajoy al obtener una rotunda victoria en Galicia. Comí con Mariano en Zalacaín y acordó que me apoyaría para presentarme a presidente de Caja Madrid. Yo quería ser algo más que un asesor bien pagado. Ya me hartaría de ello.

CAPÍTULO 3

Los dioses ciegan a quienes quieren perder.

Refrán griego

Cuando llevaba un mes al frente de Caja Madrid, en febrero de 2010 cometí un error que nueve años después daría con mis huesos en la cárcel. La entidad venía remunerando a los miembros de su comité de dirección una parte de su salario a través de una tarjeta de crédito, que estaba contabilizada y declarada a Hacienda, según se me dijo. Desde luego estos gastos se presentaron como deducciones fiscales de la entidad ante la Agencia Tributaria hasta 2015, tres años después de mi salida, lo que hace imposible que fueran opacas o *black*, según la jerga periodística. Cuando me dieron la tarjeta como miembro del comité de dirección, la cogí sin pensarlo. Debía haberlo hecho, pedir los detalles de su uso y su contabilización. Pero no lo hice. Como comentaría años después Gonzalo Martín Pascual, consejero de la caja a propuesta de UGT y uno de los que entraron en Soto del Real precisamente por el uso de una de esas tarjetas, este fue siempre el caso del «no te preocupes».

Dediqué las primeras semanas a conocer a mi equipo. Muy pronto encargué a una empresa de cazatalentos que me hiciese un análisis técnico de los primeros niveles directivos. Llevaba casi treinta años en la vida pública nacional e internacional y me pareció que necesitaba ayuda en este nuevo trabajo, que pretendía que fuera el último de mi carrera. En esto acerté. A las pocas semanas empecé a recibir los resultados, pero casi al mismo tiempo se publicaban en la primera página del principal periódico económico del país. Yo era una persona muy conocida, no necesariamente lo mejor para un banquero-cajero, así que evité tener mucho contacto con los medios hasta el punto de que la Asociación de Periodistas de Información Económica (APIE) me dio en 2010 el Premio Secante, que otorga a los más parcos a la hora de hacer declaraciones. Contar cómo eran mis primeros pasos en Caja Madrid parece que merecía la primera página de un diario, pero que aparecieran con nombres y apellidos las evaluaciones de mis principales colaboradores era algo cuando menos embarazoso. Sobre todo para mí, que había elegido personalmente hacer esta evaluación con una determinada firma: el origen de las noticias era Barcelona, sede de la empresa evaluadora. Corté por lo sano, se acabó el proceso y evidentemente no se pagó nada de lo estipulado. Se trataba de dejar enfriar el tema para retomarlo en unos pocos meses, pero no hubo oportunidad.

Mi primer fallo fue no considerar urgente y prioritario elegir un equipo directivo propio. Tuve apenas tres meses para hacerlo, cuando esperaba contar con un plazo más largo. En lugar de eso, la rentabilidad, los saneamientos y los costes internos centraron mi atención en las dos primeras semanas en el puesto, con un equipo cuyos principales responsables eran, a su vez, causantes de la situación heredada. En lo bueno y en lo malo. Ignoré el consejo de Napoleón de que, nada más llegar a un cargo, había que «fusilar a un general», lo que en el manual empresarial y financiero se traduce en aflorar pérdidas y cortar alguna cabeza.

Quise incorporar al consejo de administración a varias personas del sector, había buscado buenos candidatos, pero las imposiciones de Esperanza Aguirre solo me dejaron un puesto: elegí a Juan Llopart, que tenía larga experiencia en el Santander. Aguirre, que había perdido la batalla por la presidencia de Caja Madrid, estaba decidida a demostrar sus poderes dentro del consejo de administración y lo consiguió.

Ignacio González, por su parte, me propuso dos nombres de ejecutivos con experiencia empresarial y financiera: Javier López Madrid y Juan Manuel Serra. Este último se incorporó inicialmente al consejo de Iberia y en 2011, al de Bankia, y resultó ser una persona extraordinariamente eficaz como consejero. López Madrid tenía amplia experiencia como consejero delegado de OHL, no en el sector financiero, y disponía de poco tiempo. Le designé presidente de la comisión de inversiones de Caja Madrid, donde debería haber jugado un importante papel en las futuras alianzas de la entidad, pero esa iniciativa la asumió el Banco de España a partir de mayo de 2010. Llopart tenía larga experiencia en banca, pero lo enredé en solucionar el lío de NH, donde Caja Madrid era el principal accionista. Fue un error dedicarle tiempo a algo que no nos iba a sacar de pobres, como se dice coloquialmente, pero ya se sabe que por regla general lo urgente resta tiempo a lo importante. El resto del consejo era mayoritariamente el mismo que había con la anterior dirección, con experiencia y conocimiento de la entidad, y puedo decir que fueron muy leales conmigo.

La falta de rentabilidad del negocio tradicional de hipotecas y nóminas, base de la actividad minorista, era el principal desafío en aquellos primeros compases, en los que la caída de la actividad económica complicaba aún más la situación. Vendíamos menos y demasiado barato; sin embargo, el equipo tenía miedo a subir los precios por el riesgo de que vendiéramos menos aún. No éramos un caso aislado en el sector en aquellas circunstancias.

El consejo tenía personas con amplia y diversa experiencia: exministros, antiguos secretarios de Estado, académicos, empresarios, sindicalistas, exalcaldes, personas perfectamente válidas. Pero el nuevo modelo de negocio debía salir del comité de dirección, así como propuestas de operaciones y medidas concretas. El consejo de administración nunca rechazó ninguna de las iniciativas planteadas por el comité de dirección, salvo alguna matización en ciertas ocasiones. Existía además una comisión ejecutiva que se reunía con bastante frecuencia, y el consejo lo hacía cada mes. Estaba claro que teníamos un exceso de institucionalización, nada fácil de evitar en entidades de ese tamaño. Intentamos racionalizar el organigrama con la creación del Banco Financiero y de Ahorros (BFA), con la fusión de siete cajas en diciembre de 2010 que daría lugar a Bankia.

Dos meses después de mi llegada, en marzo de 2010, presenté un plan estratégico que contemplaba el cambio de modelo hacia productos con mayor margen de beneficio, como los seguros y los fondos de inversión, así como una contención de costes. El plan fue aprobado. Las remuneraciones de la plantilla en Caja Madrid eran generosas —unos 60.000 euros anuales de media— y su convenio se negociaba en gran medida en la Confederación Española de Cajas de Ahorros (CECA). Yo propuse vincular la evolución de los salarios al PIB, que es el indicador que marca la evolución del crédito y, por tanto, la marcha del negocio bancario, y no a la inflación. Los sindicatos conocían bien el sector y sus problemas y sabían que las condiciones laborales de Caja Madrid eran las mejores de nuestro país.

España llegaba tarde a enfrentarse a la crisis financiera, así que todo iban a ser prisas. Desgraciadamente, la situación de la zona euro también se iba deteriorando, empezando por la crisis griega de mayo de 2010, seguida por la irlandesa, en diciembre de ese mismo año. En aquella época las autoridades, nacionales e internacionales, creían que ese sería un año de transición hacia una recuperación global después de la sacudida de la crisis estadounidense de 2008. De hecho, empeñado en esa lectura, el Banco Central Europeo (BCE) subió los tipos de interés dos veces en 2011, el mayor error de política monetaria de cualquiera de las crisis recientes. La institución nunca ha reconocido, ni mucho menos dado explicaciones, sobre qué justificó la adopción de esas dos decisiones suicidas que indicaban tanto graves errores de análisis como de gobernanza y que serían la puntilla al mandato de Jean-Claude Trichet al frente de la entidad.

En mi primera semana como presidente de Caja Madrid, visité al gobernador del Banco de España, Miguel Ángel Fernández Ordóñez, en su calidad de supervisor español. Me recibió en su despacho junto al subgobernador, Javier Aríztegui, y el director de Supervisión, Jerónimo Martínez Tello. En aquel encuentro me dejaron claro que contaban con Caja Madrid para lo que en el argot se denomina la «consolidación del sector», es decir, para absorber otras cajas. Además, Martínez Tello me dijo claramente que Ildefonso Sánchez Barcoj, director general de Caja Madrid, era la persona de confianza de la institución. Esa indicación, hecha delante de sus jefes, constituía un mensaje nítido y claro por parte de la institución, incluido el respaldo a lo que se había hecho en Caja Madrid en los últimos años. Con el tiempo aprendería que no hay nada menos fiable que el respaldo de los responsables del Banco de España.

Como director general, Ildefonso Sánchez Barcoj tenía responsabilidades sobre una parte enorme de la entidad: finanzas, capital, intervención, contabilidad, medios y personal. Todos esos aspectos eran cruciales en aquellos momentos y el trabajo central de mi mandato de cuatro años como presidente debería haberse focalizado en aumentar el capital, reducir la morosidad, incrementar provisiones, reducir gastos y capacidades y aumentar los ingresos de la actividad en los mercados financieros. Sin embargo, los cambios regulatorios tomaron el protagonismo de mi agenda.

El comité de activos y pasivos era el núcleo de las decisiones financieras de la caja y también recaía bajo la responsabilidad de Sánchez Barcoj. Su secretario era un joven y brillante financiero, Carlos Stilianopoulos. Yo asistía a sus reuniones e incorporé a las mismas a Santiago Alarcó, un banquero de inversión que desarrollaba su carrera casi en su totalidad en Londres con una larga experiencia de mercados con las entidades de inversión Morgan Stanley y Salomon Brothers y al que yo conocía, además, porque había sido mi cuñado. En una de las primeras reuniones a las que asistió Alarcó, discutimos la posición que Caja Madrid tenía en deuda pública española. Nos sorprendió a todos aconsejándonos la venta de toda la cartera de deuda española. Era abril de 2010. Si en esos momentos la cuarta entidad financiera del país, que además estaba presidida por un antiguo vicepresidente del Gobierno, hubiera decidido empezar a vender deuda española trasladaría un mensaje al mercado para el que no estábamos preparados. Como medida de prudencia, decidimos dejar de comprar nuevos títulos. Si hubiéramos hecho caso a Santiago Alarcó, habríamos ganado mucho más dinero y nos habría ahorrado importantes problemas en el futuro. Ser leal al Estado español no fue rentable para Caja Madrid, un anticipo claro de lo que se nos venía encima. Santiago hizo también un intenso análisis de nuestro margen financiero que lo decía todo. No era fácil ganar dinero sin un cambio de modelo: menos hipotecas y más servicios financieros.

Antes de que se produjera el rescate de Grecia, en mayo de 2010, y pese a las noticias sobre la velocidad que iba cogiendo la crisis, la opinión pública española tenía un sentimiento de confianza, después de que el Gobierno se hubiera gastado los 15.000 millones de euros del plan E y hablara de brotes verdes en la recuperación.

El 2 de mayo, el Consejo Europeo aprobó el primer rescate de Grecia. Una semana después, obligaba al presidente del Gobierno español, José Luis Rodríguez Zapatero, a congelar las pensiones y a recortar el sueldo de los funcionarios; dos medidas que el jefe del Ejecutivo aceptó sin rechistar. Su vicepresidenta económica, Elena Salgado, no fue advertida de la decisión y se enteró en el Ecofin —el Consejo de Asuntos Económicos y Financieros de la zona euro—, donde, según me contaron algunos de los presentes, se mostró muy afectada.

En ese contexto, la morosidad bancaria no dejaba de crecer. Como he contado, Miguel Blesa había hecho un fuerte saneamiento en Caja Madrid en 2009, pero la morosidad había pasado en un año del 3,4 al 5,8 %, lo que nos obligó a trabajar en un plan para doblar las provisiones de ese año que a alguno de mis colaboradores le pareció muy agresivo. Finalizamos 2010 con unas provisiones de más de 5.000 millones de euros en Caja Madrid y un total de 10.384 millones de euros en BFA, el *holding* que agrupó la fusión de las siete cajas que dieron lugar a Bankia y cuyo nombre sugirió José Manuel Fernández Norniella, consejero de Caja Madrid. Pero aún quedaba un intenso recorrido hasta llegar a ese momento.

En 2006, antes por supuesto de mi llegada a la caja, el Fondo Monetario Internacional ya había publicado un informe sobre el sector de las cajas españolas en el que identificaba su principal desafío en la necesidad de conseguir capital del mercado. En aquellos primeros compases de 2010, lo que yo sabía era que el regulador había adoptado una estrategia que pasaba por, utilizando el lenguaje corriente, desplumar a las cajas del capital que habían acumulado en su larga historia para evitar poner dinero público en unas entidades a las que el Gobierno no permitía capitalizarse en el mercado. Aparentemente, el objetivo del supervisor eran las fusiones, pero no se quedaría solo ahí, aunque aún no sé si en aquel momento tenían un plan definido o lo fueron improvisando sobre la marcha.

A principios de marzo, Javier Aríztegui me citó en su despacho del Banco de España junto al presidente de la Caja del Mediterráneo, Modesto Crespo, para explorar una de esas posibilidades de fusión. Crespo nos dio plantón y sencillamente no se presentó. Me di cuenta entonces de que aquel no era el Banco de España de referencia y con *auctoritas* indiscutible de los tiempos de Luis Ángel Rojo o de

Mariano Rubio, que era la referencia de mis épocas como político. Hubo más reuniones auspiciadas por el regulador, en las que pude comprobar que Caja Madrid era percibida como una amenaza por las demás cajas, ya que su tamaño la llevaría a ser la entidad dominante en cualquier fusión. En las sucesivas semanas hablé, sin éxito, con Ibercaja, con Bancaja y con el Gobierno gallego.

El tamaño podía permitir importantes sinergias; avanzamos bastante en la negociación con Cajastur, pero Manuel Menéndez, su presidente, quería ser consejero delegado de la entidad fusionada, lo que creaba problemas adicionales de gobernanza por el hecho de que el presidente de una de las cajas fusionadas fuera también primer ejecutivo de la entidad resultante. Debería haberle dado una solución, que desde luego tenía. Cajastur —Liberbank, después— siguió teniendo ese mismo problema en sucesivos intentos de fusión.

En aquellas primeras semanas como presidente de Caja Madrid, me entrevisté con Deloitte, auditor histórico de la entidad y de todo el sector financiero español. Todo fueron amabilidades: no veían ningún problema en las cuentas de la entidad, que habían aprobado íntegramente a lo largo de los años, sin salvedades. Más allá de las citas obligatorias por el cargo, me reuní con mucha gente muy diversa, como siempre he hecho a lo largo de toda mi vida profesional. Uno de ellos fue Manuel Pizarro, que, en una comida en El Qüenco de Pepa con el matrimonio formado por César y Ana Alierta, me aconsejó salir a bolsa con Caja Madrid lo antes posible. Tenía razón, como casi siempre, ya que en bolsa captaríamos capital y podríamos estudiar operaciones corporativas con mucha más facilidad. Salvo por el pequeño detalle de que la ley entonces no lo permitía.

El presidente del BBVA, Francisco González, me invitó a desayunar en las mismas fechas; me transmitió un mensaje muy pesimista respecto a la situación general, y a las cajas, en particular. De forma un tanto premonitoria me dijo: «Ten cuidado con no dañar tu prestigio». El periodista Jesús Cacho, con quien yo no tenía buena relación, escribió en aquellos días una todavía más certera profecía sobre mi futuro, al hilo de una supuesta conversación con un banquero, pero yo tenía mi atención puesta en otro sitio. «Los dioses ciegan a quienes quieren perder», decían los griegos. Yo me consuelo todavía echándole la culpa a los dioses.

Casi al mismo tiempo que yo llegué a Caja Madrid, Fernando Casado, que había sido durante muchos años secretario general del Instituto de la Empresa Familiar, fue nombrado presidente de Caixa Catalunya. Dimitió en muy pocas semanas. Años más tarde, después de 2012 —y por tanto de mi salida de Bankia—, coincidí con él y con su mujer en una boda en Barcelona. Me pareció que ella me miraba con pena, como «mira de lo que nos hemos librado». ¿No debí llegar a la caja? ¿Debí marcharme en aquel momento?

CAPÍTULO 4

Disculpen si les llamo caballeros, pero es que no los conozco muy bien.

Groucho Marx

Caja Madrid realmente no tenía un problema de tamaño, lo que necesitaba era capital. La necesidad de modificar la ley de cajas —denominada oficialmente Ley de Órganos de Representación de las Cajas de Ahorros (LORCA)— era para mí perentoria, eso sí lo tenía claro. El asunto pasaba por la Confederación Española de Cajas de Ahorros (CECA), la asamblea de las cajas, que llevaba varios años presidida por Juan Ramón Quintás, quien se disponía aquella primavera a dejar su puesto. Sus posibles sucesores eran Braulio Medel, de Unicaja; Isidro Fainé, de La Caixa, y Amado Franco, de Ibercaja. Ninguna de esas tres entidades necesitaba capital entonces, estaban bien llevadas; y los tres eran excelentes profesionales.

Para Caja Madrid, la prioridad de la reforma legislativa pasaba por permitir a las cajas que emitieran acciones y pudieran aumentar su capital. La Comunidad de Madrid no mostraba grandes reticencias a la privatización parcial de las cajas, ya que con la fuerte presencia del sector financiero en la región no había riesgo de perder peso estratégico. Yo calculaba que tanto el PP como el PSOE de Madrid, e incluso Izquierda Unida, no impedirían una apertura al capital privado, una intención que yo había dejado clara desde mi discurso de aceptación de la presidencia ante la Asamblea General. El consejo de administración de Caja Madrid era bastante abierto en este tema crucial. Pero ahí Caja Madrid era una excepción. El resto del sector y sus respectivas comunidades autónomas eran mucho más reacios a esa privatización parcial, independientemente del color de sus gobiernos, y se planteaban seguir en solitario sin accionistas privados. Creo que tanto el consejo de administración como la Comunidad de Madrid hubieran aceptado. Pero dejé pasar los dos únicos meses que tendría para hacerlo.

En ese escenario es en el que se produce la elección del nuevo presidente de la CECA. De los tres posibles candidatos en liza decidí prestar mi apoyo a Fainé, por la única razón de su capacidad para negociar con el Gobierno socialista. Era verdad que La Caixa era demasiado grande para representar a todo el sector, tenía otra cuenta de resultados y otros problemas. Desde hacía años, con la creación de Criteria, había hecho una clara apuesta por abrirse a la búsqueda de accionistas privados.

Juan Ramón Quintás, el presidente saliente, apostaba claramente por Amado Franco, al que yo conocía bien y apreciaba. Manuel Pizarro había sido presidente de Ibercaja con Amado Franco de consejero delegado, pero no mantuve contactos con ellos ni ellos conmigo. Años más tarde, hablando con Pizarro de esa elección, le expliqué mis razones, y él me reconoció que efectivamente Fainé negociaba bien con los gobiernos, «pero solo en favor de La Caixa». Volvió a tener razón. En el decreto de reforma de la LORCA se incluyó un punto que solo aplicaba a La Caixa. En marzo de 2010, Isidro Fainé fue elegido presidente de la CECA, con

Caja Madrid, Ibercaja, Unicaja y la Caja de Ahorros del Mediterráneo (CAM) en el comité ejecutivo. Yo mantuve para Caja Madrid la vicepresidencia de la organización que obtuvo mi antecesor.

Aunque las negociaciones para modificar la LORCA empezaron de inmediato, e incluso tuvimos una reunión pública con el presidente del Gobierno, José Luis Rodríguez Zapatero, todo llegó tarde. Realmente el Ejecutivo y el Banco de España estaban a otra cosa y apostaban entonces por las fusiones con capital público. Sería en enero de 2011, unos meses después, cuando vendría la presión y las prisas por salir a bolsa. Pero en mayo de 2010, el PSOE realmente no estaba preparado para protagonizar la privatización de las cajas de ahorros.

Por esas fechas, la Autoridad Bancaria Europa anunció que sometería a las entidades financieras de la zona euro a unas pruebas de estrés, para analizar su solvencia, y que para superarlas deberían alcanzar un capital de máxima calidad mínimo del 6 %. Es obvio que el Banco de España y el Gobierno sabían con antelación que Caja Madrid y la mayoría de las cajas no tenían ese nivel de capital ni posibilidad de obtenerlo en ese plazo.

Al mismo tiempo que el Ejecutivo aprobaba los recortes a pensiones y salarios públicos, promulgó un decreto ley que establecía lo que denominó «sistemas institucionales de protección» (SIP), un instrumento para forzar fusiones de cajas a cambio de préstamos públicos que computarían como capital en esas pruebas de estrés. Esas ayudas procederían del Fondo de Reestructuración Ordenada Bancaria (FROB), que había sido creado en 2009 y que hasta entonces no había servido para nada. Era el primero de los tres modelos distintos, a uno por año, que los gobiernos españoles iban a impulsar durante la crisis bancaria.

La idea era clara. Reducir el número de cajas forzando a las comunidades autónomas a aceptar, ahora sí, fusiones interregionales o en su lugar, poner dinero. Las fusiones venían acompañadas de reducciones de tamaño, mediante cierre de oficinas y despidos, en función de un plan de negocios que debía aprobar el Banco de España y el FROB. Las ayudas podían llegar al 2 % de los activos ponderados por riesgo de la entidad resultante, que tenía que ser un 25 % mayor que la caja más grande de las fusionadas.

El Banco de España rompía así el nudo gordiano del poder de las comunidades autónomas sobre las cajas y pese a no contar con gran ayuda del Parlamento, que sin embargo sí respaldó mayoritariamente este plan. El de 2011 —cabe recordar que íbamos a plan de reestructuración por año— solo lo respaldarían el PSOE y sus socios.

Los SIP tuvieron muchas críticas, por ser un intento de reestructuración a medias. Opiniones influyentes, como la de Aristóbulo de Juan, que había sido director general del Banco de España, o Miguel Martín, antiguo subgobernador y entonces presidente de la Asociación Española de Banca, consideraban que estos vehículos financieros no ofrecían soluciones definitivas porque implicaban el riesgo de que no mandara nadie. Personalmente, pienso que aquella era la única salida ante la ceguera parlamentaria de dotar de capital privado a las cajas y las posiciones proteccionistas de las comunidades autónomas.

El problema real de estas «fusiones frías», como se las denominó periodísticamente, no fue de gestión, como preveían sus críticos, sino de inestabilidad ante una regulación inconstante y esquizofrénica, que primero pretendió hacer responsable del endeudamiento de la economía española solo a las cajas y luego, a todo el sistema bancario, cuando el problema de exceso de endeudamiento era de toda la economía española. Pero se eligió culpar a los dueños de los bares de las borracheras y exculpar a los bebedores.

Con la presión de las pruebas de estrés en el horizonte, el camino estaba claro: o SIP o SIP, como se denominó de forma coloquial. La cuestión era con quién. Las cajas con situación más saneada —La Caixa, Unicaja e Ibercaja— no necesitaban capital y, por tanto, y con razón, no querían ni oír hablar de dinero público que las sometiera al control del Gobierno. Participar en el SIP limitaba la autonomía de las entidades, ya que había que someterse a un plan de negocio y a su seguimiento semestral por parte del FROB hasta la devolución del dinero, en un plazo de cinco o siete años. Pero, además, y este era el meollo de la cuestión, había que aceptar la fusión con quien el Banco de España y el FROB decidieran. Existía desde luego un tema reputacional, dado que se interpretaba que si necesitabas dinero es que tenías problemas de balance, aunque los SIP no tuvieron efectos comerciales de negocio, al menos en nuestro caso.

El plan de sanear las cajas a cargo de sus balances, contando con una financiación puente del FROB, podía funcionar. El coste de esas ayudas era del 7 %, por debajo del coste de capital de los bancos privados, que entonces rondaba el 8 % y que iría aumentando con el tiempo. El problema es que el Gobierno, el socialista entonces y el popular después, quiso con esos planes de saneamiento de balance limitar la creciente pérdida de confianza que se estaba produciendo en la economía española, por su elevado endeudamiento y su dependencia del ahorro exterior, a los problemas de las cajas —que los tenían, sin duda—. Por desgracia, todo eso iba a saltar por los aires muy pronto.

Empezamos la búsqueda de socios. En Madrid no había otra caja con la que poder fusionarnos. Caja Madrid estaba muy presente en Castilla-La Mancha. Caja Rioja y Caja Canarias eran dos socios claros para explorar la fusión. Caja Ávila y Caja Segovia querían salirse de las negociaciones que habían iniciado con Caja Navarra para crear Banca Cívica; la primera tenía muchas dificultades, pero era de pequeño tamaño y, por tanto, esos problemas serían manejables. Caixa Laietana tampoco estaba en buena situación, pero permitía a Caja Madrid penetrar un poco más en el segundo mercado de España, Cataluña. Pero una vez más, y no sería la última, el regulador tenía sus propios planes para Caja Madrid.

El Banco de España quería que hiciéramos un gran SIP con Bancaja, con lo que pasaríamos a ser el primer banco nacional por tamaño de activos. Recibí una llamada a mediados de mayo de 2010 del despacho del gobernador, quería verme de inmediato.

Me presenté tan pronto como pude aquella misma mañana. En el despacho de Fernández Ordóñez estaban también Arízteguí y José Luis Olivas, presidente de Bancaja.

Sin ningún preámbulo ni matización, el gobernador me planteó la incorporación de Bancaja a la fusión que estábamos negociando con las seis cajas, aunque con ellas todavía no llegábamos al 125 % del tamaño de Caja Madrid que exigía la ley para recibir las ayudas públicas. Del despacho del gobernador nos llevaron al del subgobernador para que «lo habláramos». Olivas estaba obsesionado con que Bancaja tuviera un 40 % del SIP, con el argumento de que la Caja de Ahorros del Mediterráneo —su competencia en la Comunidad Valenciana— tendría ese porcentaje en la fusión con Cajastur. A cambio de eso, Caja Madrid podría nombrar a los miembros independientes del consejo de administración y dirigir todo el negocio bancario.

Teníamos mes y medio para llevar a cabo el plan de negocio y acordar la fusión, un tiempo claramente insuficiente. Conforme a los acuerdos fundacionales, el consejo encargó a la auditora Ernst & Young —ahora EY— revisar el valor de los activos aportados por cada una de las entidades, cuyo resultado debía conocerse en junio de 2012. Con la nacionalización todo eso perdió sentido.

Inevitablemente, la agenda interna de Caja Madrid había cambiado. La fusión de las siete cajas también imponía una reducción tanto de oficinas como de empleados, pese a pasar a gestionar un volumen de activos de 300.000 millones de euros frente a los 180.000 de Caja Madrid; tendríamos capital suficiente y un plazo de cinco a siete años para devolverlo saliendo a bolsa, además de 6.000 millones en preferentes que con los cambios regulatorios de Basilea III ya no eran capital, por lo que había que convertirlos en acciones como hizo todo el sector. Pero en realidad solo tuvimos unas semanas.

Los meses de mayo, junio y julio fueron maratonianos: acuerdos entre los socios, con el Banco de España, con el FROB, con los siete Gobiernos autonómicos, visitas a los siete, sin olvidar a los sindicatos, con los que teníamos que pactar los inevitables ajustes de plantilla. Pero llegamos a tiempo y, en julio, la Autoridad Bancaria Europea certificó que, con los préstamos participativos del FROB, contábamos con el capital suficiente para cumplir con los requisitos exigidos.

A principios de septiembre, las asambleas de las siete cajas aprobaron la adhesión al SIP, que no era una fusión total de las entidades, puesto que las cajas mantenían su existencia individual y, lo más importante, sus respectivas obras sociales, elemento fundamental y razón de ser de las cajas de ahorros. Las siete entidades transferían al Banco Financiero y de Ahorros la totalidad de sus activos y pasivos bancarios, aceptando condiciones muy onerosas para deshacer el acuerdo, lo que en la práctica lo hacía imposible. En esta transferencia de activos y pasivos bancarios no se incluyeron los gastos pasados, presentes y futuros de los órganos de gobierno de las cajas, de los respectivos consejos de administración y de las comisiones de control. Una cuestión que debería haber sido capital años más tarde al dilucidar responsabilidades en el tema de las tarjetas, pero los tribunales lo ignoraron. Estaban a otra cosa.

Deloitte, como auditor de Bancaja y Caja Madrid, certificó que los balances de las dos principales entidades del SIP eran correctos y que no tenían salvedades, lo que resultó ser falso, al menos por lo que respecta al Banco de Valencia, entidad participada en un 40 % por Bancaja y presidida también por José Luis Olivas. En noviembre de 2011, el Banco de España intervino el Banco de Valencia, lo que resultó en una pérdida de cuatrocientos millones de euros para BFA. No tuvo consecuencias para el auditor.

Antes de la fusión, el FROB exigió un plan de viabilidad que debía contener las provisiones necesarias para el saneamiento completo de las siete cajas. Encargamos un informe a Deloitte y Analistas Financieros Internacionales (AFI) mientras que el FROB realizó el suyo propio. El primer plan calculaba unas pérdidas esperadas para los siguientes años de 7.100 millones de euros, por encima de los 6.700 millones estimados por el FROB.

Como sucede en estos casos, la fusión era un momento único para aflorar posibles deterioros de futuro, dado que el futuro inmediato pintaba mal y decidí buscar más opiniones. Contratamos a PwC, otra auditora, para que realizara la previsión de pérdidas esperadas de los siguientes tres años, que resultó más exigente que las dos anteriores. PwC calculaba unas pérdidas de 8.700 millones en el primer año de la fusión, 2011, y hasta 11.000 millones en los años siguientes. Al final decidimos hacer provisiones por 10.430 millones de euros a 31 de diciembre de 2010, bastante más de lo previsto por el FROB y superior a lo que el Banco de España consideraba necesario. Era principios de diciembre de 2010. Me reuní con el subgobernador Javier Ariztegui, que era, además, presidente del FROB, y le expliqué nuestros planes. Ariztegui argumentó que tantas provisiones nos dejarían con menos capital, aunque en todo caso cumplíamos con el nivel exigido por la Autoridad Bancaria Europea (EBA). El subgobernador aceptó nuestro plan, pero no me dijo que apenas ocho semanas más tarde el Banco de España y el Gobierno iban a aprobar nuevos cambios regulatorios y poner precisamente el acento en el capital, sobre todo para las cajas, con requerimientos extraordinarios frente a los bancos.

Años más tarde, aquel informe de PwC resultó ser la piedra de toque del ataque de la fiscal Carmen Launa en el juicio de 2019 por la salida a bolsa de Bankia. Ante la flagrante falsedad de los informes de los peritos judiciales, que decían que las provisiones que nosotros alegábamos no eran aplicables, lo que quedó desmentido en la sentencia de Bankia, la fiscal Launa pretendió interpretar el informe de PwC como si se refiriera a pérdidas incurridas, es decir, reales, en vez de pérdidas esperadas, pese a la inequívoca y literal declaración de sus autores. Las pérdidas esperadas por PwC fueron cubiertas con nuestras provisiones, con respaldo reiterado del Banco de España y a la CNMV antes y después de la salida a bolsa. La fiscal Launa se empeñó en hacer una caprichosa interpretación, para justificar su acusación, confiada sin duda en la impunidad en la que se desenvuelve el ministerio público en todos los casos.

La reunión fundacional de BFA se celebró en Valencia aquel mes de diciembre de 2010 y tuvimos que improvisar a toda prisa el regreso de todo el consejo en autobús porque de pronto se cerraron los aeropuertos, como consecuencia de la crisis de los controladores aéreos. Toda una premonición.

Al volver a Madrid, Emilio Botín y Francisco González pidieron venir a verme, cada uno por su lado. Normalmente, como presidentes de los dos principales bancos, Santander y BBVA, y líderes del sector, ellos te citaban en sus oficinas. Fue una sorpresa y procedí a verlos con rapidez. Los dos coincidieron en el tema que querían tratar, algo también sorprendente porque eran personas muy distintas. González no dejaba de criticar a Botín en cada entrevista que tuve con él, cosa que el aludido sabía de sobra. La pregunta de ambos fue directa: «¿Cuánto vas a provisionar?». Los dos me manifestaron que la cifra de 10.430 millones era acorde con lo que ellos consideraban suficiente. Un respaldo que no era algo habitual entre competidores. Lo interpreté como el interés sistémico que tenía la nueva entidad para el mercado financiero español y se lo agradecí. De forma que todo lo que el regulador, competidores, auditores y el propio FROB me transmitían era que estábamos haciendo lo correcto. Botín, en aquel encuentro, me aconsejó además que nombrara a un consejero delegado. Tardé cinco meses en hacerlo.

En diciembre de ese año, el Banco de España remitió a los consejos de administración de las siete cajas sendas cartas —que debían ser leídas en alto en las reuniones— en las que detallaba los deterioros que cada entidad debía provisionar y aseguraba que, con los préstamos convertibles del FROB, teníamos cubiertos los requisitos de capital de los dos años siguientes. El autor de esas cartas fue José Antonio Casaus, director general de Supervisión del Banco de España e inspector de cabecera de Caja Madrid. Casaus fue también autor del informe de marzo de 2011 de seguimiento, donde se ratificaba en sus conclusiones, como también lo hizo en el de agosto de ese mismo año, cuando Bankia ya había salido a bolsa. Sorprendentemente, en 2017 ante la Audiencia Nacional Casaus declaró que había realizado un informe tan rotundo por falta de valor para decir supuestamente la verdad, aunque también dijo haber sido presionado por sus superiores.

Tanto en la instrucción del caso Bankia como en el juicio oral, Casaus se reiteró en esta última versión y mostró un correo interno de abril de 2011 —enviado entre sus dos informes de seguimiento— donde proponía la venta de la entidad por un euro a un banco extranjero. Una declaración que hizo entre sollozos que obligaron varias veces a suspender la sesión. Quizás por ese comportamiento cuando menos histérico, sus superiores hicieron públicos otros correos donde el mismo Casaus abogaba por crear el SIP de las siete cajas que dieron lugar a Bankia antes incluso de su nacimiento. Unos correos —el último de 2014— donde también explicaba que todas las pérdidas del grupo se derivaban de los cambios regulatorios. ¿Cómo alguien así podía tener responsabilidades de semejante calibre? Tampoco en este caso hubo consecuencias. Más aún, José Antonio Casaus se convirtió en el testigo estrella del juez Fernando Andreu, el instructor del caso Bankia.

En 2016, un juzgado de Navalcarnero solicitó al Banco de España un informe oficial sobre la existencia o no de provisiones suficientes en BFA cuando salió a bolsa, ante la alarma que produjo el informe pericial que las negaba dentro de la instrucción del caso. Pero hace falta algo más que una prueba irrefutable, en este caso un informe oficial del regulador reconociendo provisiones suficientes en el balance de Bankia, para que un juez de la Audiencia Nacional, respaldado por la sala, cambie su criterio.

Mientras tanto, en ese final de 2010, en la zona euro estaban pasando cosas bastante graves. Irlanda era el segundo país del euro en solicitar un rescate financiero, tras el que se otorgó meses antes a Grecia, cuya situación no acababa de enderezarse, con Francia y Alemania centrados en salvar a sus bancos, que estaban cargados de deuda soberana griega. El Fondo Monetario y la Comisión Europea no exigieron una reestructuración de la deuda soberana griega ni de los bonos de sus bancos hasta años después, cuando las entidades francesas y alemanas se habían deshecho de su exposición a Grecia y los países del euro pagaron el rescate a escote. Las reglas serían muy distintas en 2012 para España; no tanto para Italia en 2017.

Los mercados internacionales lo interpretaron como lo

que era: una negación de la realidad y empezaron a apostar contra toda la zona euro. Empezaba el desastre.

Tras el primer rescate de Grecia de mayo de 2010 y el de Irlanda a finales de ese año, Portugal fue rescatada en mayo de 2011 y Grecia tuvo que ser salvada una segunda vez —habría también una tercera— a finales de ese ejercicio. Ya eran tres países intervenidos por la troika —como se denominó coloquialmente al trío formado por el Banco Central Europeo, el Fondo Monetario Internacional y la Comisión Europea—. El siguiente objetivo de los «hombres de negro» estaba claro.

CAPÍTULO 5

De lo que tengo miedo es de tu miedo.

William Shakespeare

El Gobierno español empezó a entrar en pánico en 2011. El diferencial con el bono alemán —un indicador que se convirtió en una referencia común en cualquier conversación de aquellos días— inició su escalada. Era el principio de la operación para intentar «saltar el euro», al más puro estilo de lo que sucedió en 1992. La confianza dejó de cotizar y lo que se imponía era la liquidez. El BCE equivocó al mercado todavía más al decidir, en plena crisis de la deuda soberana, subir los tipos de interés dos veces: en abril y julio de ese año. Aquello ya fue la puntilla.

Teóricamente, la deuda soberana en la propia moneda es un activo sin riesgo, puesto que el banco central siempre puede actuar como prestamista de última instancia del Estado. Pero el Banco Central Europeo no actuaba así, ante la negativa de Alemania, que interpretaba todo en términos de saldos fiscales. Por ahí atacarían los mercados, mientras los países afectados callaban como corderos aceptando unas reglas imposibles.

Después del plan E de 2008, España se había quedado sin dinero. Y empezaba a traslucir que toda la operación de los SIP, las fusiones de cajas, podía no ser suficiente para contentar a los mercados. La obsesión con dar confianza llevó al Banco de España a exigir que toda la banca española hiciera un ejercicio de supertransparencia con sus créditos inmobiliarios —elocuentemente llamado entonces «estriptis»— y todos publicamos en máximo detalle la composición de nuestras carteras, con la premisa teórica de que no había nada que ocultar. Nadie en Europa había hecho nada parecido, ni lo hizo después. Aquello solo sirvió para dar más argumentos a los críticos sobre nuestros posibles problemas.

En medio del pánico, empezó a circular el mantra de que el problema de España eran las cajas. No el hecho de que la economía tuviera el mayor déficit exterior de la OCDE, ni un déficit público a la griega, ni el derrumbe del empleo o que la tasa de morosidad de los bancos fuera similar a la de las cajas. En la verdad oficial, la responsabilidad de la pérdida de confianza en la economía española era responsabilidad de las «politizadas» cajas, que apenas unas semanas antes se habían recapitalizado siguiendo el modelo y las instrucciones dictadas por el Banco de España, como supervisor.

Las autoridades españolas decidieron poco después de arrancar 2011 que los SIP creados en diciembre de 2010 tenían que ser parcialmente privatizados antes de septiembre de ese mismo año. Nadie parecía interesado en saber qué habían hecho los demás países desarrollados para lidiar con sus respectivas crisis financieras, con Estados Unidos a la cabeza: primero, creando un banco malo y luego inyectando dinero público en todos sus bancos, sin distinguir la situación de sus balances. Hank Paulson, secretario del Tesoro estadounidense entre 2006 y 2009, fue quien planteó entonces la necesidad de lanzar un *bazuka* (como se denominó en la jerga financiera a la masiva inyección de liquidez) en 2008 para demostrar al mercado que el Estado tenía más dinero de lo que pudieran apostar los especuladores. Algo debía conocer del comportamiento de los mercados, no en vano Paulson había sido presidente de Goldman Sachs.

En 2008, Alemania lo hizo también para sus bancos, pero por desgracia en 2011 ya no permitía esas cosas en el resto de la zona euro. No sería hasta 2014, con Mario Draghi ya como presidente del BCE, cuando la entidad lo puso en marcha y todavía en 2022 se seguía inyectando liquidez y comprando deuda del sistema financiero.

En España, la solución elegida fue exigir a las cajas más requisitos de capital que a los bancos, como «castigo» por el pecado de financiar casas y pisos. Con el objetivo de ganar credibilidad en los mercados, el Boletín Oficial del Estado estableció en febrero de 2011 la obligación de las cajas de tener un 10 % de capital de máxima calidad o privatizarse en los siguientes doce meses, plazo que el Banco de España redujo después a menos de nueve meses. Las autoridades buscaban con esos cambios que España tuviera el sistema financiero más transparente y capitalizado de la OCDE, algo a lo que los especuladores no prestaban ninguna atención. La prima de riesgo —otro indicador que se hizo habitual hasta en las conversaciones de café— continuaba subiendo.

La vicepresidenta del Gobierno, Elena Salgado, anunció por televisión la aprobación del decreto ley donde se imponían las nuevas condiciones del sistema financiero. Seguimos la presentación desde la sala del consejo de administración de BFA, en la torre inclinada del paseo de la Castellana, y su contenido fue toda una sorpresa, al menos para mí. Tuvimos apenas unos días para negociar, a través de la CECA, algún detalle con el Gobierno. El decreto establecía tres posibilidades: salir a bolsa, buscar inversores individuales que alcanzaran un mínimo del 20 % del capital o la nacionalización. Así, de la mañana a la noche, las cajas debíamos tener dos puntos más de capital que los bancos para competir con estos en el mismo mercado, contábamos con apenas unos meses para lograrlo y debíamos hacerlo, además, todas a la vez.

Tenía un viaje privado fuera de España aquel fin de semana. Llamé a la vicepresidenta al móvil para trasladarle mis preocupaciones. Le dije que en mi opinión el decreto era un error, que ponía a BFA en un camino imposible después de habernos forzado a fusionarnos solo cuatro semanas antes. Me dio la sensación de que o le daba igual o estaba contra la pared. No volví a llamarla nunca más.

El decreto suponía un giro de 180 grados en lo que las autoridades nos venían exigiendo hasta ese momento. El Banco de España ponía ahora el énfasis en lo contrario que en la creación de los SIP pocas semanas antes: de la importancia de las provisiones pasamos a la importancia del capital. Entendí entonces las palabras del subgobernador Arízttegui cuando le presenté el plan de provisiones de la entidad fusionada, a principios de diciembre, y apuntó que aquello nos dejaría con poco capital. La verdad es que el regulador no se molestó nunca en explicarnos qué pensaba hacer el trimestre siguiente, quizás porque ni ellos lo sabían. Era claramente un sálvese quien pueda.

Como Banco Financiero y de Ahorros, representábamos la mayor concentración de activos del mercado financiero español. Ante el nuevo escenario que nos planteaban las autoridades, solo nos cabía una pregunta: qué podíamos ofrecerle a un inversor. No teníamos aún los equipos probados, ni contábamos con un historial de gestión de semejante entidad y ni siquiera teníamos una marca corporativa consolidada, más allá de la individual de cada una de las siete cajas. Nos quedaba una ingente labor de integración por hacer y las sinergias, los beneficios de la fusión, en ese momento estaban todavía por demostrar. Todo sugería que nos hacía falta tiempo, pero la vicepresidenta me había dejado claro en nuestra conversación que tiempo era lo que menos había.

El Gobierno había desaprovechado los cuatro años que habían pasado desde el estallido de la crisis financiera, y decidía en ese momento que fueran las cajas las que dieran credibilidad al conjunto de la economía española y al propio Ejecutivo. Además, el Gobierno y el Banco de España habían empezado a reaccionar como compartimentos estancos, lo que se agudizaría un año más tarde con la llegada a la presidencia de Mariano Rajoy.

En la primera reunión con mi equipo —procedente básicamente de Caja Madrid y Bancaja— tras el anuncio de los nuevos requerimientos de capital, concluimos que se nos obligaba a vender a derribo, que si el sector de las cajas de ahorros hubiera sabido el inminente cambio de condiciones probablemente no habrían elegido el camino de las fusiones frías. Puede que por eso no nos lo dijeran. A toro pasado, creo que en ese momento debería haberme marchado. Me quedé y duré un año más.

BFA tenía un balance inmenso de 300.000 millones de euros y diez millones de clientes. Además del negocio bancario, tenía participaciones industriales en grandes empresas, muchas de ellas inmobiliarias, así como inversiones en suelo, obligaciones preferentes por más de 6.000 millones de euros y los préstamos convertibles del FROB, por otros 4.600 millones. Una mezcla de sectores e intereses que no ofrecía gran valor al mercado. La teoría era, y es, que los inversores ya diversifican sus propias carteras y que prefieren optar por negocios con un perfil definido. La presencia del FROB en nuestra estructura tampoco era el mayor de los alicientes para los inversores privados.

Fue ahí donde surgió la decisión de crear dos bancos. Uno concentrado en el negocio puramente bancario, y otro, como *holding* con acciones del primero y todo lo demás. Esa escisión se hizo sobre el balance a 31 de marzo de aquel año, unas cuentas muy similares a las del cierre del ejercicio de 2010, que era el balance de la fusión, sobre el cual habían opinado todos los reguladores, autoridades y auditores, sin poner una sola salvedad. Eso, que fue una garantía, acabó siendo la base de la acusación penal en el caso Bankia.

En 2014, los dos peritos cedidos por el Banco de España al juez Fernando Andreu para la instrucción del caso Bankia decidieron, por sí y ante sí, que todos los máximos responsables españoles del sector financiero estaban equivocados en el tratamiento de la entidad. En 2019, cinco años más tarde y con miles de euros de dinero público gastados, entre otras cosas, esos mismos peritos fueron desautorizados repetidamente durante la celebración del juicio oral, pero los funcionarios nunca acaban teniendo responsabilidades en nuestro sistema penal y, una vez más, su decisión no tuvo consecuencias.

Los principales bancos de inversión del mundo —JP Morgan, Morgan Stanley, Santander, UBS, Deutsche Bank, Société Générale y Lazard— analizaron nuestro balance sin encontrar ninguna salvedad. Las cuentas fueron, a su vez, respaldadas por el Banco de España, el FROB, la CNMV, así como por las auditoras Deloitte y BDO. En palabras de Francisco Verdú, quien luego fue consejero delegado de Bankia, ante la Audiencia Nacional en 2019 «era el balance más analizado» de todo el sistema financiero. Pero los inversores no compran pasado sino expectativas de futuro.

Nuestra expansión inmobiliaria era bien conocida, claramente reflejada en el folleto de la salida a bolsa, así como nuestra implantación territorial y el número de clientes. La fusión tenía tres meses de vida y, según el plan original presentado a las autoridades, llevaría no menos de dos años en completarse. Una vez hecha la fusión deberíamos poder hacer lo mismo, y más, con menos estructura, pero sobre todo dedicarnos a cosas más rentables. Eso es lo que en el argot se llaman sinergias. La Caixa, uno de nuestros principales competidores, generaba entonces mil millones de euros más que nosotros procedentes de productos financieros. Se trataba de ser capaz de igualarlos. En 2020 mi sucesor no lo había conseguido.

Nuestros equipos estaban todavía por definir, ni siquiera los contratos laborales se habían trasladado al nuevo banco. De hecho, yo nunca estuve contratado por BFA, pese a ser su presidente ejecutivo. En términos laborales, pasé directamente de Caja Madrid a Bankia, en septiembre de 2011. Lo mismo les sucedió a todos los demás. Tampoco teníamos un consejero delegado, ni una marca. En mayo de 2011 ya teníamos todo eso, incluidos los dos bancos.

La búsqueda de un nuevo nombre para la entidad que saldría a bolsa se le encargó a la nueva directora de Comunicación, Pilar Trucios. De todos los nombres posibles para el banco desgajado, el que más gustó al comité de dirección fue Bankia, marca propiedad de un banco nórdico con algún derecho a favor del Santander.

El tiempo corría. Había que avanzar con la fusión y, al mismo tiempo, salir a bolsa. En 2011, el 25 % de la reducción de costes que llevó a cabo todo el sector financiero recayó sobre BFA-Bankia, pese a que nuestro peso era el 10 %. En julio de 2011, obtuvimos 3.000 millones de euros en bolsa; en septiembre, pasamos a formar parte del Ibex, que agrupa a las 35 empresas que cotizan en el mercado y tienen mayor liquidez.

Tanto la opción de salir a bolsa como la búsqueda de un inversor por al menos el 20 % del capital no eran una decisión empresarial. De serlo, habríamos esperado algunos años. Era una imposición para no ser nacionalizados. La CNMV era la responsable de velar por las condiciones de la salida a bolsa de cualquier compañía, cosa especialmente relevante para una entidad que solo tenía tres meses de existencia. Y, en efecto, lo hizo. Su presidente en aquellas fechas, Julio Segura, ha destacado siempre que se nos impusieron condiciones extraordinarias a las habituales: los inversores mayoristas tenían que representar el 40 % del total de la suscripción de acciones, cuando lo habitual es un 30 %, y debían ser al menos cien para evitar concentraciones. Además, ningún inversor, institucional o minorista, podía recibir financiación para comprar acciones. Los suscriptores minoristas, además de firmar el folleto, tenían que superar una prueba de idoneidad, como si se tratase de una inversión compleja, cuando era una simple compra de acciones.

Pero ahí no quedaba todo. El folleto, a requerimiento de la CNMV, fue más largo y prolijo de lo habitual. No contenía previsiones de beneficios, y disponía de una detallada descripción de trece páginas sobre el riesgo inmobiliario, en general, y de Bankia, en particular. El Estado español, a través de sus poderes financieros, planteó en la salida a bolsa de Bankia todas las posibles cautelas, un hecho completamente ignorado unos meses más tarde por los representantes del mismo Estado. La Fiscalía Anticorrupción, el propio FROB y el juez instructor, Fernando Andreu, consideraron que lo detallado del folleto era en realidad una argucia de los directivos de Bankia para no asumir responsabilidades. Cuando se produjo la salida a bolsa, fue respaldada públicamente por el Banco de España, el FROB y el Ministerio de Economía. Hasta el presidente del Gobierno, José Luis Rodríguez Zapatero, se felicitó públicamente de que captáramos 3.000 millones de euros.

Durante el juicio por esa misma salida a bolsa, Francisco González, presidente del BBVA, declaró que «la contabilidad es como un chicle». En mi opinión, lo que de verdad es un chicle es la seguridad jurídica del Estado español, al menos en el campo financiero. Aunque cumplas todas las reglas que exigen los responsables públicos, si a otra parte del Estado le viene bien, presenta una acusación. Porque, al final, ningún funcionario o autoridad implicada es declarada responsable. Otra vez.

Antes de la salida a bolsa, en mayo de 2011, Francisco Verdú se incorporó a Bankia como consejero delegado, después de un proceso de selección con otros dos candidatos. Verdú tenía treinta años de experiencia en el sector financiero y procedía de Banca March, donde era vicepresidente. Entre sus competencias estuvo la supervisión y firma del folleto de la salida a bolsa. Pese a ello, la Fiscalía y el FROB decidieron no acusarlo por la salida a bolsa de Bankia, pero sí mantuvieron la acusación para otros que no habíamos firmado el folleto. Verdú fue un testigo que declaró a favor de la Fiscalía en el caso de las mal llamadas tarjetas opacas de Caja Madrid. En cualquier caso, un folleto de salida a bolsa no lo redacta la entidad afectada, sino despachos externos especializados y debe contar con la aprobación de la CNMV, o de lo contrario se paraliza la oferta pública de venta. Solo tres miembros de la dirección fuimos acusados.

En realidad, en aquellos meses eran los acontecimientos de la zona euro los que marcaban la agenda de los bancos y de los gobiernos. La estrategia de imponer una austeridad fiscal a toda costa, junto a las dos subidas de los tipos de interés en 2011, no dejaban lugar a dudas de que la zona euro tenía una moneda única y común pero ahí se acababa todo. El lejano precedente de septiembre de 1992, cuando los especuladores capitaneados por George Soros hicieron saltar por los aires el Mecanismo Europeo de Tipos de Cambio —la fracasada antesala del euro—, no ofrecía muchas esperanzas. Entonces, como ahora, Alemania no tenía en cuenta más que sus propias necesidades. De esa forma, la especulación contra el euro crecía cada mes y la tímida recuperación económica que había empezado a finales de 2010, según todos los organismos internacionales, se abortó en 2011.

No es fácil encontrar ni entonces ni ahora críticas de las autoridades españolas a la debacle organizada por el BCE. No las encontrarán. ¿Cómo iban a decir nuestros responsables financieros y monetarios que la combinación de restricciones fiscales y monetarias nos abocaba a una gran contracción? Eran ellos los que asistían al consejo ejecutivo del BCE, no se sabe muy bien para qué. ¿Qué iban a pensar de nosotros los extranjeros? Ver, oír y callar.

Ya en otoño de 2010, en la cumbre franco-alemana celebrada en Deauville, el presidente Nicolas Sarkozy había sido arrollado por el ministro alemán de Finanzas, Wolfgang Schaüble. Angela Merkel había entrado a matar al exigir que los bonos nacionales, hasta entonces considerados activos libres de riesgo, debían valorarse a precio de mercado en los balances de los bancos de ese mismo Estado. Doce meses más tarde, en noviembre de 2011, la Autoridad Bancaria Europea (EBA) acabó imponiendo ese criterio, eso sí con la promesa de que sería solo por una vez.

Con el BCE renegando de su papel de prestamista de último recurso de los Estados, como Santiago Alarcó nos había avisado unos meses antes en Caja Madrid, la deuda española —junto con otras— entró en caída libre. Desde ese momento solo hay un activo libre de riesgo en la zona euro, el que emite el Estado alemán. El mismo Estado que es el mayor beneficiario de tener una moneda común con el conjunto de la zona euro. El Eurogrupo llevaba años prestándole toda su atención a la estabilidad fiscal y a la inflación y prácticamente ninguna a la estabilidad financiera. Pero era esta la que definía esta crisis. España estaba contra la pared desde mayo de 2010 y todavía faltaba la famosa carta de Jean-Claude Trichet al presidente Zapatero, en el verano de 2011, en la que exigía un cambio en la Constitución para incluir en la Carta Magna el compromiso con el conocido como «cero negro» del modelo alemán, es decir, el déficit cero como obligación legal.

La cesión de Sarkozy en Deauville empujó primero a Irlanda bajo el foco de los mercados: un país muy endeudado, con bancos débiles, sin *bazuka* fiscal de la zona euro. El festín estaba servido. En cola estaban ya Portugal y España. Nuestras autoridades se lanzaron a la penúltima pirueta regulatoria, al imponer la privatización exprés de las cajas, de todas a la vez, en un mercado totalmente especulativo donde, desde luego, las entidades financieras españolas no eran el producto más demandado por los inversores.

La revalorización del euro, fruto no del crecimiento sino de la subida de los tipos de interés de abril y julio de 2011, hacía la moneda única casi inviable para la mitad de los países que lo integraban. Igual que sucedió en 2008, un mes antes de la caída de Lehman Brothers, no es fácil creer que todo fuera fruto de la torpeza teutona del ordoliberalismo, una corriente ligada a la economía social de mercado abrazada sin distinción por socialdemócratas y conservadores alemanes. Hay motivos para pensar en una deslealtad franco-alemana, como la que se produjo en 1992.

En este ambiente, la salida a bolsa de una entidad recién fusionada, con tantas carencias, no podía engañar a nadie. Lo que pasaba en los mercados lo sabía todo el mundo. La decisión política era obligar a las cajas a vender barato su patrimonio. Nosotros sabíamos hacia dónde nos empujaban nuestras autoridades con el Boletín Oficial del Estado (BOE) en la mano. Esta vez, el primer partido de la oposición, el PP, se había mostrado contrario a la estrategia de exigir a las cajas más capital que a los bancos, mientras que en la creación de los SIP, unos meses antes, había respaldado al Gobierno. Hablé con Mariano Rajoy, le describí la situación, aunque él poco podía hacer. Una vez más, como el verano anterior con las ayudas del FROB, teníamos que elegir entre vender parte de nuestro capital, esta vez muy barato, o dárselo todo al Estado. En mayo de 2011, el consejo de administración de BFA aprobó por unanimidad la salida a bolsa, con el único límite de que las siete cajas mantuvieran el control de la nueva entidad. Eso condicionaba sin duda su futuro. Tener acciones ofrecía la oportunidad de volver a capitalizarse y las cajas querían tener la oportunidad de decidirlo. En realidad, nunca la tuvieron.

Ocho años más tarde, en el juicio de Bankia, la fiscal Carmen Launa quiso presentar esta decisión como una conspiración de los administradores para proteger sus cargos. Cuando era obviamente al revés, puesto que si las cajas mantenían el control podían echarnos a todos. No son los consejos de las empresas cotizadas españolas una muestra del poder de los accionistas, pero desde luego era imposible pensar que vender tan barato podría resultar popular en las asambleas de las cajas.

CAPÍTULO 6

La vida es una partida de ajedrez y nunca sabe uno a ciencia cierta cuándo está ganando o perdiendo.

Adolfo Bioy Casares

En 2011, ante la situación descrita en el capítulo anterior, nos pusimos manos a la obra para preparar la salida a bolsa. Creamos tres equipos, uno liderado por José Luis Olivas, otro por Francisco Verdú y el tercero por mí. Durante la ronda de reuniones para dar a conocer nuestro proyecto y buscar inversores internacionales nos repartimos los encuentros: yo viajé a Londres y a China; Verdú viajó a Estados Unidos y París, y Olivas se centró en los inversores españoles. El análisis de mercado indicaba que cada semana que pasaba se producía un creciente endurecimiento de las condiciones, pero al mismo tiempo fijaba en el principio del verano la única ventana de oportunidad para salir a bolsa, ya que las previsiones para aquel otoño se ennegrecían por momentos, como así sucedió. Al final, y pese a los esfuerzos de todo el equipo, solo conseguimos que los inversores internacionales suscribieran el 5 % del capital de la salida a bolsa, aunque en los meses posteriores el porcentaje subió ligeramente.

La consecuencia de este entorno de elevada incertidumbre es que el precio objetivo de la acción se iba reduciendo cada día. Los consejos de administración de BFA y Bankia se reunieron el lunes 18 de julio y escucharon al representante de los bancos colocadores, Emilio Saracho, en ese momento presidente de JP Morgan para España y Portugal, para informarnos del precio al que el mercado estaba dispuesto a comprar nuestras acciones: 3,75 euros, lejos de los 5,10 euros que habíamos previsto inicialmente. Eso suponía un descuento del 60 % sobre el valor en libros, el valor contable de la entidad. Era una señal clara de la falta de apetito por nuevas emisiones en la bolsa española en aquellos momentos y resultó ser la dirección en la que se moverían las acciones del conjunto de los bancos españoles a partir de entonces. De hecho, Bankia nunca superó ese nivel de precios hasta que acabó fusionándose con CaixaBank en 2020.

En el verano de 2011, el mercado sencillamente no apostaba por las acciones de empresas españolas porque en aquellos momentos el temor que flotaba en el aire era la pertenencia de España al euro, tal y como reflejaba la prima de riesgo. Apenas salió al mercado ninguna compañía aquel año y la mayoría de las que lo intentaron se retiraron antes de cerrar el proceso, como fue el caso de Atento, Talgo y de Loterías y Apuestas del Estado. Ni Bankia ni Banca Cívica —que también salió a bolsa en julio de aquel año y también tuvo que hacerlo con un descuento del 60 %— buscaban una alta capitalización sino convertirse en entidades cotizadas que en un futuro pudieran fusionarse con otros bancos —las dos entidades, con el tiempo, acabarían siendo absorbidas por CaixaBank—. Los inversores lo entendieron así, ofreciendo un precio más por las expectativas de futuro que brindaba la salida a bolsa que por la realidad en aquel momento. En todo caso se suscribieron algo más de 3.000 millones de euros, mil millones por encima de lo que necesitábamos para cumplir con los requisitos de capital. Mientras, las cajas agrupadas en BFA conservaban más del 50 % de los derechos de voto del nuevo banco y mantenían la capacidad de elegir al consejo de la entidad, lo que daba margen para gestionar las operaciones de futuro.

Al día siguiente, el Banco de España hizo pública una nota felicitándose por el resultado de la salida a bolsa, cosa bastante insólita. El entonces presidente del Gobierno, José Luis Rodríguez Zapatero, en el Debate sobre el Estado de la Nación el 28 de junio había asegurado que la salida a bolsa de Bankia debía ser un éxito porque «hay mucho en juego». España demostraba con esas operaciones que, incluso en unas condiciones muy adversas, era capaz de capitalizar sus bancos sin ayudas públicas. Las principales agencias de calificación de riesgo avalaron el precio fijado por la acción en relación con los balances y unas circunstancias económicas que las autoridades, desde el FMI para abajo, creían que habían tocado fondo —también creían que desde ese momento empezaría la recuperación—. La Autoridad Bancaria Europea (EBA) avaló el cumplimiento de los nuevos requisitos de capital por parte de Bankia. El mercado respetó el precio de la acción, que siguió cotizando en el rango de los tres euros hasta que se produjo la debacle financiera española de 2012. Mientras, el BCE plantaba la semilla del desastre que arrastraría a toda la zona euro subiendo los tipos de interés por segunda vez en aquel año, por miedo a un repunte de una inflación que sería inexistente los siguientes diez años. Subir tipos implicaba una revaloración del euro, lo que encareció las exportaciones de la eurozona en un momento de demanda interna muy débil. ¿Es creíble tanta ceguera por parte de los alemanes o se daba la ocasión idónea de descabezar a sus socios? Como era, y suele ser habitual, las autoridades españolas con el Banco de España a la cabeza se mantuvieron en silencio durante las reuniones en Fráncfort.

La salida a bolsa abría las puertas a posibles alianzas financieras. En octubre de aquel año, y con unas elecciones generales convocadas para el mes siguiente, el presidente de La Caixa, Isidro Fainé, me mostró su deseo de explorar una alianza entre las dos entidades, ofreciéndome la copresidencia del banco resultante. Yo se lo comuniqué a Rajoy, inmerso en la recta final de la campaña electoral, precisamente en el inmenso vestíbulo del hotel Juan Carlos I en Barcelona. Le pareció una alianza positiva, que no dejaba de tener muchos aspectos políticos. La Caixa era y es más que una caja, la mejor realidad de Cataluña. Una gran parte del tejido empresarial catalán le debía su supervivencia en uno u otro momento a esta entidad financiera. Felipe González, Narcís Serra y Jordi Pujol habían convertido la entidad en el centro de las privatizaciones de los monopolios públicos franquistas a lo largo de los años ochenta y noventa, dotándola de unos dividendos recurrentes que serían su salvación en la larga crisis bancaria que estaba comenzando en aquellos inicios de la segunda década de los 2000.

La fusión entre Bankia y CaixaBank tenía sentido económico, al convertirnos de lejos en el mayor banco nacional, una especie de «supermercado financiero», un concepto en el que Fainé creía. A nosotros nos daba acceso a una cuenta de resultados mayor y más saneada que la nuestra, tanto por la parte del negocio estrictamente financiero como en forma de dividendos de las compañías participadas. La unión de las respectivas carteras de inversiones nos daría el dominio de buena parte del sector financiero, del energético, los seguros, la banca minorista y, desde luego, del mercado inmobiliario. Nosotros habíamos llevado a cabo un profundo ajuste de personal y de reducción de oficinas con la creación de Bankia, además de haber abordado más de 12.000 millones de euros en saneamientos, mientras que CaixaBank no había hecho prácticamente nada en estas áreas. Con la fusión de ambas entidades, dominaríamos los dos mercados claves de la economía española, Madrid y Barcelona. Yo acepté nombrar dos negociadores para explorar las posibilidades y la viabilidad de aquella operación, negociadores a los que Fainé y yo les dimos instrucciones para iniciar conversaciones exploratorias en una cena celebrada en mi casa aquel mismo mes de octubre.

Las líneas rojas de aquellas conversaciones eran que ninguna de las entidades tendría el 50 % del capital, es decir que La Caixa no superaría la mayoría de control de la entidad resultante, que Bankia tendría una representación superior al 20 %, que las sedes operativas de la nueva entidad se repartirían entre Madrid y Barcelona y que sería en esta ciudad catalana donde se fijaría la sede social. La Caixa nombraría al consejero delegado, y Bankia, al vicepresidente responsable de la comisión de riesgos. En aquellos momentos yo cometí el error de no comentarle aquellas conversaciones a la presidenta de la Comunidad de Madrid, Esperanza Aguirre, pero desconfiaba de su discreción en una negociación donde temía que Fainé pudiera intentar un regate final. Como así hizo y relataré un poco más adelante.

Fue por esas fechas cuando el responsable de la auditora Deloitte para el sector financiero, Francisco Celma, nos planteó por primera vez que le preocupaba el efecto que el descuento en bolsa podía tener en el balance de BFA. Un aspecto que nunca mencionó durante los preparativos de la salida a bolsa ni cuando se fijó un precio objetivo para esta por debajo del valor contable. Tampoco lo hizo antes o después del inicio de la cotización, ni cuando se aprobaron las cuentas del tercer trimestre. Y de pronto, al principio del otoño de 2011, hizo constar esa preocupación, coincidiendo de manera sorprendente con una extraña llamada del presidente del BBVA, Francisco González —FG, en el mundo financiero—, para invitarme a desayunar y plantearme precisamente el mismo tema.

La cuestión era muy técnica y controvertida. No se podía trasladar automáticamente el precio de la salida a bolsa al valor del conjunto del grupo, entre otras cuestiones porque Bankia retenía una mayoría de control y sus acciones no estaban disponibles para la venta, lo que añadía una prima de control al precio. Además, no había transcurrido ni un año de la salida a bolsa y el plan de negocio todavía estaba pendiente de ejecución. De hecho, la propia Deloitte no consideró necesario tenerlo en cuenta para fijar el valor de la participación de ACS en Iberdrola o en el caso del Santander, que mantenía en sus cuentas como valor contable a Banesto en su precio de adquisición.

Aun así, el consejo de administración de Caja Canarias, accionista de BFA, consultó la cuestión al Banco de España. El entonces director general de Supervisión, Jerónimo Martínez Tello, les tranquilizó indicando que lo relevante era que se cumpliera el plan de negocio aprobado apenas dos meses antes. El Banco de España es el supervisor bancario y la autoridad contable para el sector. De hecho, el que fuera vicepresidente de la CNMV entre 2008 y 2012, y luego subgobernador del Banco de España, Fernando Restoy, declaró en el juicio por la salida a bolsa de Bankia, en mayo de 2019, que «no había ninguna obligación de reconocer de manera inmediata el valor bursátil de las acciones de Bankia, pero incluso haciéndolo, BFA no entraría en causa de disolución». Así lo había declarado también ante el juez Fernando Andreu durante la instrucción del caso. Una cuestión no menor, ya que Restoy era vicepresidente de la CNMV cuando se produjo la salida a bolsa de Bankia.

No puedo negar que la coincidencia en el fondo y en el tiempo de los mensajes de Celma y González me generó recelo. Era conocida la gran relación entre ambos especialmente, según las malas lenguas, tras el incendio del edificio Windsor en Madrid, sede de Deloitte, en el que ardieron los papeles de la auditoría sobre la venta en 1996 de FG Valores a Merrill Lynch, operación que fue objeto de investigación por la Fiscalía Anticorrupción en 2005. He de confesar que yo estuve poco hábil en mi entrevista con FG, le dije que se ocupara de las minusvalías de BBVA en su inversión en el sur de Estados Unidos, en lugar de abordar posibles problemas de un competidor. Fue una descortesía por mi parte y un error infantil. «Los dioses ciegan a los que quieren perder», vuelvo a insistir. Al fin y al cabo, él me planteaba un posible problema que con el tiempo acabaría afectándome. La verdad es que era algo que en todo caso se refería a BFA, es decir, a las cajas, no a Bankia y sus accionistas. Pero resultó ser la puerta por la que se coló la intervención del grupo.

La diferencia entre el valor contable y el valor de cotización fue interpretada por los peritos judiciales y por la fiscal Carmen Launa como la prueba evidente de la existencia de un agujero en Bankia. Hasta el FROB —el Fondo de Reestructuración Ordenada Bancaria, hoy Autoridad de Reestructuración Ejecutiva— trató de argumentar que no fue consciente de la diferencia, pese a que su presidente era Javier Arízteguí, a su vez subgobernador del Banco de España. Durante la instrucción y en el juicio oral por la salida a bolsa, Arízteguí negó la teoría del agujero. Al juez Andreu y a la fiscal Launa les dio igual. En la actualidad casi todos los bancos españoles y europeos cotizan sensiblemente por debajo de su valor contable. ¡Qué cantidad de agujeros!

En noviembre de aquel año se produjo, al mismo tiempo, el gran cambio en la historia del euro, claramente a mejor, con la llegada de Mario Draghi a la presidencia del BCE. En los doce meses anteriores, Portugal e Irlanda habían necesitado sendos rescates financieros, siguiendo la estela de Grecia, un grupo al que los anglosajones denominaron despectivamente PIGS (cerdos), por las siglas en inglés de sus integrantes, entre los que incluían a España. Irlanda tenía un problema de sobrendeudamiento bancario, lo que suponía un pésimo precedente para España, que dependía del capital exterior para su financiación y era la economía con el mayor déficit comercial de toda la OCDE.

Nada más llegar al BCE, Draghi reconoció la necesidad de dar un giro a la política monetaria de la entidad para dotar a las economías de la eurozona de amplia liquidez a través de sus sistemas bancarios, como vía para afrontar la crisis del euro. La entidad realizó dos operaciones de refinanciación a largo plazo (conocidas como LTRO), en diciembre de ese año y enero de 2012. Estas subastas de liquidez para las entidades bancarias del euro en condiciones muy favorables tenían un vencimiento a tres años, que se fue renovando sucesivamente. La llegada de Draghi al banco fue decisiva para la salida de la crisis y la supervivencia de la moneda única. En julio de 2012, sin llevar ni siquiera un año en el cargo, dejó claro que el BCE era el prestamista de última instancia de los países del euro al asegurar, en una conferencia en Londres ante inversores, que la entidad estaba dispuesta a hacer lo que fuera necesario —su famoso «whatever it takes»— para salvar la moneda única «y, créanme, será suficiente», seguía aquella decisiva cita. Algo que los alemanes habían negado hasta entonces y agudizó la crisis financiera. A partir de ahí, Draghi dotó a la zona euro del famoso *bazuka* de liquidez que los estadounidenses habían puesto en marcha en 2008, es decir, cuatro años antes. El sector bancario privado español aprovechó totalmente esas subastas de liquidez, animado por el Gobierno y el Banco de España. En la comida mensual que las cajas manteníamos con las autoridades bancarias, tanto Javier Arízteguі como el entonces secretario de Estado de Economía, José Manuel Campa, nos instaron a pedir todo lo que pudiéramos y así lo hicimos. El sector público, sin embargo, no aprovechó la ocasión, que no volvería a producirse hasta 2014.

Pero volvamos al otoño de 2011. La Autoridad Bancaria Europea (EBA), siguiendo el criterio alemán acordado un año antes entre Angela Merkel y Nicolas Sarkozy en Deauville —donde anunciaron que la deuda pública encajaría quitas y que cada país sería responsable del saneamiento que necesitaran sus bancos—, hizo un nuevo examen a la banca europea, y estableció un nuevo requisito de capital, por una sola vez, para las entidades que detentaran deuda soberana en sus balances y fueran sistémicas, es decir, cuya inestabilidad pusiera en peligro el sistema financiero del país. Un auténtico sinsentido en mitad de una crisis financiera como la que se atravesaba en aquellos momentos en Europa. (A partir de 2014 el BCE empezó a comprar directamente esos títulos, que pasaban así al balance de la autoridad monetaria europea. Otro giro de timón de 180 grados.) En el caso español, este requisito se aplicaba a los cincos bancos más grandes, entre ellos Bankia. A nuestra entidad le suponía conseguir otros 1.600 millones de capital en el siguiente ejercicio, de un total de 25.000 millones para el conjunto de las entidades españolas afectadas por la medida.

Las mencionadas exigencias del BCE coincidieron en España con el cambio de gobierno. José Luis Rodríguez Zapatero había desistido de volver a presentarse tras la debacle socialista en las elecciones municipales de mayo de aquel año. En noviembre ganaba las elecciones el PP, con mayoría absoluta, bajo la promesa de repetir la política económica de 1996-2004. En diciembre, Luis de Guindos y Cristóbal Montoro, antiguos colaboradores y amigos personales, asumieron sus cargos de ministros en el nuevo Ejecutivo. Con el Gobierno saliente en funciones, se produjeron tres hechos importantes para el sector financiero: la intervención del Banco de Valencia, la adjudicación de la Caja del Mediterráneo al Banco Sabadell y el regate final de Fainé, que rompió *de facto* las negociaciones de Bankia y La Caixa.

El Banco de Valencia era una entidad vinculada al empresariado valenciano y a Bancaja, pero no a BFA, por expresa decisión del Banco de España, que sabía lo que se hacía. Es decir, para BFA el Banco de Valencia era una inversión, de cuya estabilidad financiera no respondía. El Banco de

España llevaba un año inspeccionando la entidad, periodo más que suficiente para conocer a fondo el estado de un banco con un balance de inferior a los 7.000 millones de euros. Ya en el primer trimestre de 2011, recién creado BFA, José Luis Olivas, presidente de Bancaja y vicepresidente de BFA, me planteó la necesidad de aprobar una ampliación de capital para el Banco de Valencia. Eso me obligó a analizar la situación contable de la entidad. Comprobamos que el banco necesitaba no menos de ochocientos millones de euros, según unos números iniciales que nos hizo PwC. Yo le dije a Olivas que solo participaríamos en una ampliación por al menos ese montante, para que tuviera garantías suficientes de solvencia, y que solo asumiríamos el 40 % de la ampliación, fuera cual fuera la capitalización final.

Con esos números y esa decisión acudí a ver al subgobernador Arízteguì para transmitirle la necesidad de buscar una solución para el Banco de Valencia. Arízteguì fue dándonos largas y en julio me informó de que se iba de vacaciones y que lo discutiríamos a su vuelta. Tampoco lo hizo en septiembre.

A finales de octubre, Olivas renunció a la presidencia ejecutiva del Banco de Valencia sin haber informado a los órganos de BFA ni al Banco de España, como exigían las normas de gobierno corporativo, y dejando en nuestro balance los cuatrocientos millones de posibles pérdidas del Banco de Valencia. He de confesar que reaccioné con dureza a su dimisión, con la que simple y llanamente se quitaba de en medio del problema. Desconsolidamos el valor del Banco de Valencia en nuestro balance y decidí plantear al consejo de BFA la necesidad de auditar lo aportado por Bancaja a la fusión. La petición fue aprobada por unanimidad y se trasladó el encargo a Ernst & Young, que debía entregar el resultado antes de junio de 2012, con la previsible disminución del peso de Bancaja en el accionariado de BFA. Tras la dimisión de Olivas, el Banco de España me pidió que siguiéramos aportando liquidez, con su garantía, al Banco de Valencia hasta después de las elecciones del 20 de noviembre para evitar escándalos en periodo electoral. Así lo hicimos. La entidad fue intervenida el 21 de noviembre y Olivas renunció a sus cargos en BFA y Bankia ese mismo día.

A principios de diciembre, el Banco de España celebró una subasta para adjudicar la Caja del Mediterráneo (CAM) —que había sido intervenida en julio— a la que al final solo se presentó el Banco Sabadell, operación que fue acompañada de un generoso esquema de protección de activos, un programa de ayudas públicas para cubrir las pérdidas que pudiera generar la cartera de la CAM durante los siguientes diez años. La compra se cerró por el simbólico precio de un euro, aunque Bruselas había autorizado previamente al Estado a conceder ayudas de hasta unos 8.000 millones de euros. No puedo ocultar que entonces me di cuenta del enorme error que había supuesto haber aceptado incluir a Bancaja en el SIP de Caja Madrid, ya que su situación financiera acabó siendo al final muy similar a la de la CAM. Como acertadamente comentó meses más tarde Amado Franco, presidente de Ibercaja, en nuestra fusión el Banco de España había mezclado «manzanas buenas con manzanas malas» y eso no suele acabar bien. Pero todavía faltaba algo más.

Bankia y BFA formaban parte del Fondo de Garantía de Depósitos, a cuyas reuniones yo asistía en representación de ambas entidades. También a principios de diciembre se celebró un encuentro del consejo directivo del Fondo en el que el Banco de España planteó que fuéramos los bancos privados los que aportáramos los fondos del programa de protección de activos, es decir, el dinero para cubrir las posibles pérdidas de la operación del Sabadell. Para mi sorpresa los representantes de los bancos más importantes del país dieron su conformidad a la propuesta y solo dos entidades mostramos nuestra disconformidad. Pronto me quedé solo en la negativa de financiar las operaciones de mis competidores, que es lo que suponía en realidad ese programa. Al final cedí a la propuesta del supervisor a cambio de que se realizara un control periódico de las aportaciones que tenía que hacer nuestra entidad a favor del Sabadell. No sé si ese control se realizó nunca.

Esa misma mañana, antes de entrar a la reunión en el Banco de España, me cité para desayunar con Isidro Fainé en la cafetería del Círculo de Bellas Artes, en la calle Alcalá. Pedimos algo en la barra y allí mismo Fainé me planteó la urgencia de cerrar nuestro acuerdo cuanto antes. Pocos días antes un equipo de La Caixa, capitaneado por Gonzalo Gortázar, había inspeccionado las cuentas de Bankia, sin que hubiera planteado ninguna objeción. Le respondí que a mi entender ya teníamos un acuerdo, el que habían firmado semanas antes nuestros dos negociadores y sobre el que venían trabajando. Fue en ese momento cuando Fainé comentó que no estaba de acuerdo con los términos pactados porque, a su juicio, «había sido demasiado generoso». El lugar era desde luego poco propicio para entrar en una conversación detallada, en un tema de esa envergadura. Teníamos además poco tiempo. Nos fuimos a la reunión del Fondo de Garantía y ya no volvimos a hablar del tema hasta el mes de marzo, también con prisas.

Yo ya esperaba ese regateo de Fainé. La Caixa era un sitio muy complicado, con mucha política interna. Miguel Crespo, secretario general de Bankia, me había llamado la atención sobre el hecho de que los estatutos de La Caixa concedían a su asamblea —dominada por los ayuntamientos— poder de intervención en la gestión crediticia. Esto podía representar un problema para Bankia, que en la entidad fusionada pasaría a tener poco más del 20% del accionariado. Me pareció un tema importante, pero para resolver en un estadio más adelantado de la negociación. Yo ya había tenido experiencia con la influencia de los políticos catalanes en La Caixa. En 2008, Fainé adujo la resistencia del entonces presidente de la Generalitat, José Montilla, para no nombrarme presidente de Criteria, como me había ofrecido al ser contratado como presidente del consejo asesor de la sociedad de inversiones de La Caixa. Son cosas que pasan, pero ese precedente ya apuntaba que la negociación de fusión no iba a ser sencilla.

Tanto CaixaBank como Bankia provenían de dos cajas territorialmente muy arraigadas, Madrid y Barcelona, nada más y nada menos. Caja Madrid ya había cedido la sede del domicilio social de BFA a Valencia durante la fusión de las siete cajas que formaron Bankia. En este caso yo creí haber solucionado el problema al aceptar que la sede social estuviera en Barcelona, y la sede operativa, dividida con Madrid, que se ocuparía del área de mercados, de internacional y parte de empresas. Resultó un error resolver o ceder lo delicado al principio, por mucho que estuviera firmado por los negociadores. Al final, Fainé se negó a aceptar las condiciones que ambos habíamos acordado, quizás porque no podía por el peso del catalanismo en La Caixa. Yo esperé a que él moviera ficha, pero quien la movería sería Luis de

Guindos. En 2018, el *procés* provocó que La Caixa abandonara su sede social en Barcelona. Entonces pensé, una vez más, en la oportunidad perdida.

En ese escenario llegamos a finales de 2011, que había sido un año muy intenso con fusión y salida a bolsa incluidos. Según la EBA, BFA-Bankia era el tercer banco mejor capitalizado de España, tenía un proyecto de fusión con La Caixa que doblaría el peso de cualquier otra entidad en el mercado nacional, y pese a las imposiciones regulatorias habíamos llevado a cabo el ajuste previsto de personal y oficinas. Habíamos ganado algo más de trescientos millones hasta septiembre, según ratificó el auditor, teníamos un equipo directivo cerrado y una nueva marca en marcha. El futuro debería centrarse en el negocio. El nuevo Gobierno del PP iba a estar lleno de personas a las que conocía, muchas de ellas amigas. ¿Qué podía salir mal?

CAPÍTULO 7

Hay décadas en las que no pasa nada;
y hay semanas donde pasan décadas.

VLADÍMIR ILICH ULIÁNOV, LENIN

Antes de ser investido presidente, el 20 de diciembre de 2011, Mariano Rajoy me citó, como estaba haciendo con otra gente, en su despacho de Génova. Allí había acudido la noche electoral del 20 de noviembre y me abracé con mucha gente, Rajoy incluido. Ocho años después de la triste noche del 15 de marzo de 2004, la victoria del PP me hizo recordar toda aquella época mientras volvía paseando a casa. Aquellas navidades, como en años anteriores, nos reunimos a comer en el Nuevo Club todos los que habíamos trabajado juntos en el Ministerio de Economía y Hacienda entre 1996 y 2004. Muchos de ellos volvían a estar en el Gobierno, varios de ellos serían designados ministros pocos días después.

Mi entrevista con Rajoy fue cordial. Como futuro presidente, él estaba viendo a mucha gente. También hablé con su asesor económico, Álvaro Nadal, que trabajó conmigo en el ministerio. En aquel momento, uno de los principales problemas era el coste de financiación de la deuda, con una prima de riesgo por encima de los trescientos puntos básicos. Le propuse a Nadal que fuera a ver a los responsables del FMI para pulsar su análisis de la situación y le organicé una entrevista con el jefe de gabinete de la directora gerente, Christine Lagarde. No supe nada más de aquellas gestiones.

Después de la intensidad de aquel año, decidí desconectar y me fui con mi mujer cuatro días a Andorra. A la vuelta, el ya ministro Luis de Guindos me citó en su despacho. Me habló con mucha dureza del gobernador del Banco de España, Miguel Ángel Fernández Ordóñez, y me dijo que lo quería echar, aunque su mandato finalizaba en menos de seis meses. A mí me pareció un desahogo, pero resultó que sucedió de verdad. A finales de mayo, De Guindos le comunicó su cese, pese a que el mandato del gobernador terminaba en julio de ese mismo año. Echar antes de que termine su mandato al gobernador de un banco central del euro se me antojaba un grave error y, sin embargo, no tuvo consecuencias.

El principal motivo de la reunión con De Guindos fue para insistirme en que tenía que fusionarme con La Caixa. Aunque argumentó que Bankia tenía mucho «ladrillo» en su balance, la operación no exigía ayudas públicas, según dijo. La verdad es que me sorprendió su firmeza, sobre todo cuando le dije que teníamos un acuerdo firmado y que Fainé se negaba a cumplirlo en su integridad. Pareció no escucharme y reiteró que me viera con Fainé.

Los términos de aquella reunión me sorprendieron, me pareció una injerencia política. Al día siguiente pedí ver a Rajoy, que me recibió enseguida y con quien, sin saberlo, estaba quemando mis últimos cartuchos. Le expuse la situación y los problemas derivados del dominio político catalanista en La Caixa. Él escuchó y me dijo que ya me diría algo De Guindos. Mientras, Miguel Crespo se reunió con el secretario general de La Caixa para intentar buscar una solución a la cuestión de sus estatutos. Cuando volví a ver a De Guindos estaba dolido por mi visita a Rajoy. Me planteó posibles operaciones, que incluían fusiones con Caixa Galicia, Unicaja, Liberbank y, de nuevo, con La Caixa. Quedé en hablar con todos ellos. Lo hice sobre todo con los tres últimos, pese a que desde el Ministerio de Economía se empezó a hacer publicidad negativa de Bankia. De Guindos se ofreció a hacer las gestiones políticas con los Gobiernos de las respectivas comunidades autónomas, cosa que nunca hizo. Por aquellas fechas un consejero de Bankia, José Antonio Moral Santín, tuvo una conversación con el periodista de *El Mundo* Carlos Segovia, muy próximo a De Guindos, que había formado parte del consejo editorial del periódico. Segovia le comentó que el «ministro no va a dejar a Rato en Bankia» y Moral le trasladó el comentario al también consejero José Manuel Fernández Morenilla, que no me lo contó.

Hasta entonces yo había tenido una cordial relación con Luis de Guindos, más allá de haber trabajado juntos en el Gobierno durante ocho años. Cuando volví de Washington me ofreció incorporarme al comité asesor de Lehman Brothers, aunque entonces yo tenía otros compromisos que lo hacían incompatible. Estuve invitado a cenar en su casa en varias ocasiones y, a raíz de coincidir con ellos en un programa que hacían juntos en CNN+, Alicia (mi mujer), De Guindos, Emilio Ontiveros (presidente de Analistas Financieros Internacionales) y yo empezamos a cenar trimestralmente, para hablar de economía nacional e internacional, y nos turnábamos con la invitación. Cuando llegué a Bankia, De Guindos fue una de las primeras visitas que recibí. Para entonces, él estaba en PwC trabajando en asesoría financiera y vino a ofrecerme los servicios de la firma. Hicieron varios trabajos para nosotros, en Caja Madrid y en BFA, todos buenos, he de decir. En la primavera de 2010 me visitó, muy nervioso, para informarme de que dejaba sus responsabilidades en PwC ligadas al sector financiero, dada la mala situación de las cajas. Y, sin embargo, a los pocos días se incorporó al consejo del Banco Mare Nostrum, otra entidad surgida de la fusión de varias cajas y liderada por Caja Murcia. Lo hacía nada más y nada menos que en calidad de presidente del comité de auditoría. También se vinculó con el Instituto de Empresa, para el que me pidió que inaugurase unas actividades, a lo que accedí de inmediato. Vamos, que era lo que uno consideraría próximo a un amigo. Pero lo cierto es que había dejado de serlo. Lo noté cuando le visité por primera vez siendo él ya ministro. Son cosas que le pasan a la gente cuando alcanzan un relieve, o nos pasa un poco a todos. Aún me faltaban muchas sorpresas con De Guindos.

El 8 de febrero ofrecía una conferencia en el Ritz Juan María Nin, consejero delegado de La Caixa, a la que me disponía a ir cuando me encontré en la primera página de *El Mundo* la noticia de que Fainé y yo habíamos ido a visitar a Rajoy al Palacio de la Moncloa para anunciarle la fusión de ambas entidades, una información firmada por Casimiro García-Abadillo. Llamé a Fainé para preguntarle de dónde salía aquel titular, y me negó ninguna intervención por su parte. No le creí y hablé directamente con el periodista. García-Abadillo me aseguró que se lo había dicho De Guindos, y yo le desmentí su información. Lo hice también al llegar al Ritz, actuando más como un expolítico que como un aspirante a banquero. Dije que se trataban de simples «cuentos chinos». Ni García-Abadillo ni De Guindos me lo perdonaron. Era una chapuza de operación mediática, pero una evidente señal de presión de por dónde quería el Ministerio de Economía que fueran las cosas. No supe verlo y me pasaría más veces. En cualquier caso, el año no había empezado bien, a finales de enero murió mi hermano Ramón de forma repentina y a partir de ahí se acumularían las malas noticias, durante muchos años. En octubre fallecía mi cuñado José de la Rosa.

Yo no solo hablaba con Rajoy y De Guindos en el Gobierno. Veía regularmente a Cristóbal Montoro, con el que siempre había mantenido una relación cercana. Tras la derrota electoral de 2004, Montoro había creado un negocio de asesoramiento, Montoro y Asociados, con su muy capaz exjefe de gabinete, Ricardo Martínez Rico, y con quien había sido mi jefa de prensa en el ministerio, Ana Serrano, al cargo de sus temas de comunicación. Martínez Rico había estado destinado en Washington, donde tuvimos una relación más próxima. En 2007, durante una cena en un restaurante frente al Capitolio, me explicó su proyecto de crear un estudio de análisis económico y político y yo le sugerí para ello el nombre de José Manuel Fernández Norniella, que después de treinta en la compañía suiza Brown, Boveri & Cie había sido secretario de Estado y presidente del Consejo Superior de Cámaras. Después de dejar Bankia, a petición de Martínez Rico, asistí a algunas reuniones con sus clientes. Toda la relación se acabó cuando estalló el escándalo de las tarjetas de Caja Madrid en octubre de 2014.

Volviendo al 2011, a lo largo de aquel año organicé varias cenas con empresarios para que Cristóbal Montoro les presentara el programa económico del PP. Martínez Rico me proponía los nombres de quienes debía invitar, muchos de ellos clientes de su despacho. En una de nuestras conversaciones, Martínez Rico y Montoro me hablaron de su plan de lanzar una amnistía fiscal similar a la que Silvio Berlusconi había impulsado en Italia y que había tenido cierto éxito en términos de recaudación. Cuando yo estuve en el Gobierno, nunca había sido partidario de esa medida, pero me pareció que ellos tenían claro que a alguno de los clientes de su despacho podía venirles bien. Era la primera medida que anticipaba el ministro de Hacienda *in pectore* de Mariano Rajoy, que con el tiempo acabaría con el insólito escándalo de la dimisión de la cúpula de la Agencia Tributaria en 2013.

Dentro del equipo de gobierno, también mantenía una interlocución fluida con Álvaro Nadal, que había sido nombrado jefe de la Oficina Económica de Moncloa. Por aquel entonces se decía que De Guindos y Montoro no tenían una buena relación, entre otras cosas porque al primero se le atribuía la filtración a *Financial Times* de los comentarios sobre la confluencia de intereses de Montoro y Estudio Económico, el nuevo nombre del negocio de Martínez Rico, una vez que Montoro fue nombrado ministro. Mi objetivo era que alguno de ellos me diese información sobre los planes del Gobierno para el sector bancario, en general, y Bankia, en particular. Tanto Nadal como Montoro me transmitían que no había nada decidido, lo que contrastaba con la agresiva presión por parte de Luis de Guindos. La posición triunfadora, claramente, fue la de este último.

Para complicarlo todo, el flamante titular de Economía se había estrenado en la primera página de *Financial Times* al asegurar que los bancos españoles necesitaban 50.000 millones de euros en provisiones, mucho más de lo que estimaban las casas de análisis, y lo hacía sin ofrecer una hoja de ruta de sus planes para corregir el agujero. Esta declaración sin precedentes por parte de un ministro sobre el sistema financiero de su país agravó la incertidumbre sobre la economía española. Las acciones de los bancos españoles empezaron a caer y no dejaron de hacerlo durante los ocho años posteriores. Al mes siguiente, el Gobierno aprobó su primer decreto ley (Guindos I) sobre provisiones bancarias, exigiendo los 50.000 millones en provisiones anunciados en el diario anglosajón para sanear la cartera inmobiliaria de las entidades. Era una medida extrema, que contradecía no solo la estrategia hasta la fecha del Banco de España de apostar por la capitalización, sino la de la propia EBA tres meses antes, expresada en las pruebas de resistencia.

Si lo que buscaba el Gobierno era dar seguridad a los mercados, la medida no sirvió para nada. La prima de riesgo escalaría desde los algo más de trescientos puntos básicos al aprobar el decreto hasta superar con holgura los cuatrocientos puntos tres meses después. En mayo, el Gobierno tuvo que aprobar otro decreto ley, conocido como Guindos II, donde exigía nuevas provisiones por 28.000 millones de euros, y que nunca llegó a aplicarse, caso único en la historia. Ya era bastante notable aprobar por ley las provisiones que necesitaba la banca, pero De Guindos quería dejar claro quién mandaba y Rajoy le dejaba hacer. Las medidas no frenaron la escalada de la prima de riesgo, que seguía subiendo vertiginosamente y abocaba al país a una intervención. El propio De Guindos reconoció en 2016 en una entrevista en RNE que entre enero y septiembre de aquel 2012 salieron de España 250.000 millones de euros, el equivalente aproximadamente al 25 % del PIB. Claramente, la mayoría absoluta del

PP no resultaba creíble ni daba certidumbre a los inversores.

Para BFA-Bankia, el decreto Guindos I exigía casi 4.000 millones de euros adicionales en provisiones. Los ajustes finales de la fusión nos permitieron absorberlos, pero dejando sin capital a Caja Ávila y a Bancaja, aunque afectaba a todas. Las entidades que no superaran las exigencias del Guindos I tenían que fusionarse recibiendo ayudas públicas. Seguía la pretensión de que solo el sector bancario, ya no solo las cajas, tenía que convencer a los mercados de la viabilidad de la economía española. Eso era contradictorio con el uso intenso que el sector había hecho de las subastas de liquidez del BCE en diciembre y enero. Quien no tenía liquidez era el sector público, ni quien se la suministrara.

La prima de riesgo seguía subiendo sin tregua, pese a que el nuevo Gobierno tenía mayoría absoluta y que al PP se le suponía ortodoxia económica. La decisión de Rajoy de retrasar la presentación de los nuevos presupuestos del Estado hasta la celebración de las elecciones andaluzas en marzo fue muy mal interpretada por los mercados, además de no servir para gobernar en Andalucía. Asimismo, el afloramiento de un supuesto déficit oculto de los Gobiernos de Rodríguez Zapatero hizo temer a los inversores la existencia de un problema como el de las cuentas griegas. La pérdida de credibilidad fue indudable.

Fue ahí cuando surgió la teoría del rescate bancario. Alain Minc, un economista francés muy capaz, que era asesor político y por entonces consejero de La Caixa, empezó a divulgar esa tesis en los círculos empresariales españoles, que acabó plasmando en un artículo en *El País* el 25 de mayo. Bajo el título «No al pecado de orgullo», Minc sostenía que

España era demasiado grande para ser rescatada en los términos en que lo habían sido Portugal o Irlanda, pero que sí sería posible llevar a cabo un rescate solo del sector bancario, por 100.000 millones de euros.

Pero para ese rescate parcial, lo que hacía falta antes era una crisis bancaria. Podía hacerse como hicieron el Tesoro y la Reserva Federal de Estados Unidos en 2008, obligando a todas las entidades a ir a las subastas de liquidez, lo necesitaran o no sus balances, para evitar la penalización de los mercados. Pero en España esas medidas no resultaban aceptables para el Santander o el BBVA, que eran los que mandaban. En mitad de todo esto, una mañana me llamó el gobernador Fernández Ordóñez para que fuera a verle. Fui de inmediato, ¿qué más podía pasar? Me recibió sin esperas. Recuerdo que tardé apenas veinte minutos en llegar desde la plaza de Castilla a la de Cibeles, cuando pocos meses antes para ese mismo trayecto se requerían no menos de cuarenta y cinco minutos. «Menuda crisis», pensé. Fernández Ordóñez entró en la cuestión desde el principio: «Quiero informarte de que el presidente del BBVA está hablando en los mercados contra Bankia. Yo no soy capaz de hacerle corregir esa actitud». «¿Lo sabe el Gobierno?», le pregunté. «No», me contestó. En la conversación le insistí en que había sido el Banco de España quien me había propuesto la fusión con Bancaja, que tan costosa había resultado. «No habernos hecho caso», dijo el regulador del sector bancario. Nos despedimos y no volví ya nunca al Banco de España. ¿Para qué?

Al volver a la oficina, llamé a Luis de Guindos, le conté la conversación pero no le dio importancia. Al fin y al cabo Francisco González le estaba haciendo parte del trabajo, como yo descubriría muy pronto. De Guindos, claramente, esperaba que BFA-Bankia no superara los requisitos de su primer decreto. Pero el 18 de abril el Banco de España certificó que pasábamos la prueba, que nuestro equipo era capaz, que teníamos un plan sólido y nos solicitaba que «a corto plazo, racionalizáramos nuestras estructuras de decisión, y, a medio, vendiéramos activos no esenciales». Lo primero se refería a separar la dirección financiera de la dirección de riesgos, según me explicaron entonces los interlocutores del regulador, y lo segundo era necesario para cumplir con los mandatos de la EBA de noviembre de 2011.

Esa semana el exsecretario de Estado, y entonces en la delegación española en el FMI, estaba terminando de jugar una partida de golf de nueve hoyos en el Real Club Puerta de Hierro de Madrid, cuando recibió una llamada de Luis de Guindos sobre la visita en esos días del equipo del Fondo a España. A los pocos días, el 25 de abril, el FMI emitió una nota sobre sus conclusiones respecto al sector bancario español. Un análisis que la entidad realizaba periódicamente de todos sus países miembros: ESAP, por sus siglas en inglés. Esto no era lo habitual, ya que se esperaba a presentar el informe completo. En el juicio de Bankia en 2019 quedó acreditado que esa nota se hizo sorprendentemente a petición del Gobierno español. En ella, también en contra de lo habitual, se señalaba a entidades concretas, específicamente a un grupo de diez entidades vulnerables, sin identificarlas, las que instaba a que, «para preservar la estabilidad financiera, es fundamental que estos bancos, especialmente el más grande, tomen medidas rápidas y decisivas para reforzar sus balances y mejorar las prácticas de gestión y gobernanza». Si el regulador daba el visto bueno al grupo

BFA-Bankia al aprobar los requisitos del Guindos I, el Gobierno usaba al Fondo. La suerte estaba echada, pero yo tenía que seguir remando hacia la trampa. Nadie puso en duda la evidente alusión a Bankia, algo sin precedentes y que el informe definitivo, que se presentaría en junio de ese mismo año, suavizaba notablemente.

De hecho, yo mismo me había entrevistado con la representante del Fondo encargada del informe, Ceyla Pazarbasioglu, en una de las dos ocasiones en las que viajó a Madrid. Su interés en torno a Bankia se centró en dos cuestiones: la eficacia de la supervisión del Banco de España y en saber por qué habíamos desconsolidado el Banco de Valencia de nuestras cuentas. No hubo preguntas sobre los planes de saneamiento ni sobre el gobierno corporativo. En el juicio oral de Bankia, celebrado en 2019, quedó atestiguado que el contenido de la nota del FMI de abril había sido exigido por el Gobierno español. Había que señalar a Bankia como fuera. Latorre había cumplido a la perfección las órdenes de su ministro.

Con todo, no iba a ser la única medida de presión contra la entidad que yo presidía. Deloitte era auditor de todo el sector financiero y al frente de la división bancaria estaba, como ya hemos mencionado, Francisco Celma. Deloitte llevaba años auditando a Caja Madrid y, nada más llegar yo a la presidencia, Celma y el presidente de la firma en España, Fernando Ruiz, vinieron a visitarme. Trabajamos con normalidad y hasta el otoño de 2011 no había puesto la menor pega ni a la fusión de las siete cajas que dieron lugar al Banco Financiero y de Ahorros ni a la salida a bolsa de Bankia. Ya hemos recordado que fue entonces cuando Celma planteó reparos sobre el valor de las acciones de Bankia en el balance de BFA que se abordaba con una solución financiera contable —ampliación de capital de BFA en Bankia aportando nuevos activos— que la misma Deloitte nos suministró, minuta incluida. Por cierto, una curiosa forma de trabajar: te creo un problema, te cobro y te doy la solución. La fórmula propuesta, trasladar al balance de Bankia más activos desde BFA, formaba parte del plan que presentamos al Banco de España el 3 de abril de 2012 tras la aprobación del decreto Guindos I. En esas condiciones llegamos el 28 de marzo a la reunión de los consejos de BFA y de Bankia para a aprobar las cuentas anuales de 2011 de ambas entidades. En los dos casos las cuentas no iban acompañadas del borrador de opinión del auditor, aunque los responsables de los comités de auditoría tanto de Bankia como de BFA informaron de que el auditor no había planteado objeciones. Las cuentas de Bankia arrojaban un beneficio de 318 millones, una cantidad similar a la declarada en el tercer trimestre de 2011, sin que tampoco entonces Celma hubiera expresado ninguna objeción. De hecho, poco antes de la reunión de los consejos, en febrero de ese mismo año, el propio Celma en una conversación con el inspector del Banco de España, Pedro Comín, le anticipó que Bankia ganaría «un poco por encima de los trescientos millones».

La labor del auditor está fijada en la ley, así como en el contrato con la empresa auditada. Tiene que entregar una opinión, con o sin salvedades, antes de enviar las cuentas anuales al Registro Mercantil, en el caso de una sociedad cotizada antes del 30 de abril. Los consejeros, accionistas y el mercado conocen así una opinión profesional independiente sobre las cuentas de la entidad propuestas por los ejecutivos. Por ello, es costumbre que el día que el consejo formula las cuentas que va a presentar a la junta general el auditor les entregue un borrador de su opinión, sobre todo si tiene objeciones o salvedades que expresar sobre las cuentas. En empresas grandes, como BFA y Bankia, existe además un comité de auditoría dentro del consejo, que trabaja a lo largo del año con el auditor. En nuestro caso, los comités de auditoría de BFA y de Bankia informaron a los respectivos consejos de que no existían salvedades, pese a que Deloitte no había proporcionado el borrador sobre las cuentas. La razón que aducía Celma era que quería esperar a que el Banco de España diese el visto bueno a nuestros planes para cumplir los requisitos del decreto aprobado por De Guindos en febrero. Una explicación discutible, ya que las nuevas reglas de provisiones se aplicaban al ejercicio de 2012, mientras que las cuentas a presentar eran de 2011. Visto en perspectiva, está claro que hasta marzo de 2012 los responsables de Deloitte creían que los directivos de BFA y de Bankia iban a seguir siendo los mismos y que, por tanto, nuestro contrato con ellos se mantendría. Pero el 17 de abril, cuando el Banco de España aprobó nuestros planes para cumplir con el Guindos I, algo había cambiado porque Celma se negó a entregar su opinión sobre las cuentas de 2011, con salvedades o sin ellas, aunque para entonces sí había facilitado un borrador sin salvedades sobre Bankia al comité de auditoría y al interventor general, Sergio Dura, que me lo mostró. Llamé por teléfono a Celma al día siguiente, urgiéndole a presentar el informe definitivo para llevarlo al consejo. Él me aseguró que trabajaría sin descanso para cumplir los plazos, pero dejó caer que sabía que el ministerio iba a publicar otro decreto ley en unos días.

Viéndolo desde la distancia y sabiendo cómo se desarrollaron después los acontecimientos, es fácil concluir que sin opinión de la auditora una nueva dirección al frente de Bankia podría reformular las cuentas del ejercicio anterior sin mayores problemas, dar una elevada cifra de pérdidas y solicitar a las autoridades un rescate. Porque eso es lo que acabó sucediendo. Y para ello era imprescindible que Deloitte no expresara su opinión sobre las cuentas anuales de la entidad, aunque con ello incumpliera su obligación legal y su contrato. La auditora no tenía dudas de que iba a tener en breve unos nuevos interlocutores que le interesaban más.

La aprobación por parte de la autoridad reguladora de los planes de BFA-Bankia para cumplir con los requisitos del Guindos I, la solución a la cuestión del valor de las acciones de Bankia en BFA, además de un nuevo plan de negocio respondiendo a los nuevos requisitos, parecía no contentar a De Guindos. A los pocos días, conseguía que el FMI hiciera pública la nota alarmista sobre Bankia, aunque los mercados no reaccionaron al contenido de esta. Aun así, el ministro me exigió que plantease nuevas provisiones y que cambiara el consejo de BFA solo con ejecutivos, haciendo desaparecer a todos los representantes de las siete cajas fusionadas. Pocas semanas antes me había amenazado con nacionalizar BFA por el préstamo preferente que nos había hecho el FROB a raíz de la fusión. Me dijo que esa era la propuesta de Antonio Carrascosa, a la sazón director general de Política Económica de su ministerio y director del FROB.

Unas semanas antes, el Domingo de Resurrección, que aquel año cayó el 8 de abril, Luis de Guindos nos había citado a cenar a Emilio Botín (Santander), Francisco González (BBVA), Isidro Fainé (CaixaBank) y yo mismo en el ministerio. La primera parte de la cena se dedicó a discutir la situación de los mercados, que era catastrófica. Después De Guindos me preguntó directamente por la situación de Bankia. Me sorprendió que planteara el tema tan abiertamente delante de mis principales competidores y sin la presencia del Banco de España en el encuentro, que era el competente sobre el sector financiero. Manifesté lo sorprendente de la situación y me salí por la tangente. Pero aún quedaba lo peor. De Guindos preguntó directamente a FG cuál era su opinión sobre Bankia y este dijo sin rodeos que era muy negativa. González era famoso por ir echando pestes de Emilio Botín, acusándole en no pocas ocasiones de falsear sus cuentas. A mí mismo me lo había dicho varias veces y a otros también, según me consta. Es más, unos días antes el gobernador del Banco de España me había llamado a su despacho para decirme que FG difundía duras críticas sobre nosotros, dentro y fuera de España, y que él no se veía capaz de impedirlo. Lo que, a modo de paréntesis en la historia, diré que no hablaba bien de su autoridad en el sector. Volviendo a la cena de aquel domingo, De Guindos la levantó encargándole a FG que hablara conmigo para fijar el nivel de provisiones que necesitábamos. Le pedí a mi jefe de gabinete, Luis Maldonado, que acordara una reunión con el BBVA y volvió con el recado de que debíamos provisionar todas las pymes. De hacerlo, seríamos los únicos del sector.

Por las mismas fechas, José Sevilla, que después fue consejero delegado de Bankia cuando José Ignacio Goirigolzarri asumió la presidencia el 9 de mayo, se presentó en el banco en representación de un fondo de inversiones de alto riesgo estadounidense interesado en tomar posiciones en nuestra entidad. Un buen amigo mío, alto cargo de uno de los grandes bancos españoles, me recomendó que explorara la operación. Con ese objetivo autoricé a Sevilla a analizar nuestros libros con el propósito teórico de dar entrada en el accionariado a un fondo estadounidense.

Lo cierto es que con Sevilla se cerraba el círculo del cerco a Bankia: Celma y sus inexplicables dilaciones; la poco habitual nota del FMI; la cena con los banqueros; la mano derecha de Goirigolzarri viendo las tripas de la entidad... Claro que todos somos mucho más inteligentes a toro pasado.

Si Celma hubiera cumplido con su obligación y publicado en tiempo y forma las auditorías de BFA y de Bankia, con o sin salvedades, José Ignacio Goirigolzarri no hubiera podido a finales de mayo reformular las cuentas de la entidad y pedir ayudas al Gobierno por 19.000 millones de euros. Es relativamente habitual que el auditor emita salvedades sobre unas cuentas, que el mercado luego valora con más o menos dureza dependiendo de la base de las mismas. Lo que no es común es que el auditor se niegue a emitir su opinión, que era por lo que cobraba. Tampoco De Guindos habría podido solicitar a Europa el rescate bancario si no hubiera habido una entidad del tamaño de Bankia empujada a la quiebra y de la que las otras tres entidades representadas en aquella cena del Domingo de Resurrección se beneficiaron, al recibir buena parte de los depósitos que salieron de Bankia en aquellas circunstancias.

Había que actuar desde diversos frentes, dado que el Banco de España había aprobado nuestros planes de saneamiento y cumplido los requisitos establecidos en el decreto de febrero. Fue entonces cuando De Guindos reaccionó pidiéndome que redujera el consejo de BFA únicamente a cargos ejecutivos y que hiciera provisiones adicionales «para calmar a los mercados», como si unas provisiones bancarias extra fueran a dar solvencia internacional al Gobierno español. El Ejecutivo estaba en la teoría de hacer «algo espectacular» para recuperar la confianza de los inversores, como me había comentado el secretario de Estado, Jiménez Latorre, semanas antes. Le encargamos a McKinsey que nos asesorara para cumplir con esas nuevas exigencias. Cumplidos los requisitos ordinarios del sector solo nos quedaba una opción: adelantar las posibles pérdidas futuras en caso de una catástrofe de la economía española. Según McKinsey, eso supondría para Bankia provisionar otros 7.000 millones de euros, la misma cantidad que De Guindos fijaría el 22 de mayo ante la Comisión de Economía del Congreso, para que Bankia cumpliera con el decreto Guindos II, que se acababa de publicar y que nunca se aplicó.

Como parte de los cambios que debía abordar en el consejo de Bankia, por mandato de Luis de Guindos, decidí incorporar a personas de reconocido prestigio. Entre ellos hablé con Miguel Martín, en aquel momento presidente de la Asociación Española de Banca y antiguo subgobernador del Banco de España, que aceptó mi propuesta. A finales de abril, el consejo del Banco Central Europeo se reunió en Barcelona. A los banqueros españoles nos invitaron a una cena, precedida de un cóctel donde FG se dedicó a pedir en voz alta la nacionalización de Bankia. Yo saludé al entonces presidente de la autoridad monetaria, Mario Draghi, al que conocía de mi época en el Consejo de Ministros de Economía del euro, el famoso Ecofin, y en el FMI; charlamos un momento de generalidades y estuvo, como siempre, muy amable conmigo. A la hora de la cena, a Alicia y a mí nos sentaron en la mesa del presidente del Bundesbank, Jens Weidmann, y la conversación fue realmente interesante. Antes de la cena, en un aparte, Miguel Martín rehusó incorporarse al consejo de Bankia. Se lo expliqué a De Guindos, que no pareció sorprenderse.

Dos días más tarde, en la celebración de la fiesta de la Comunidad de Madrid, el vicepresidente Ignacio González se acercó para comentarme: «Desde Economía me dicen que estáis muy mal». Traté de tranquilizarle. El viernes 4 de mayo, el consejero delegado, Francisco Verdú, y el secretario general, Miguel Crespo, presentaron al Banco de España nuestro plan de registrar provisiones por 7.000 millones en base a pérdidas futuras. La noticia les pilló de sorpresa y quedaron en decirnos algo el lunes. Era difícil para el supervisor aceptar provisiones a futuro, más todavía cuando lo hacía una sola entidad. Esa misma tarde volví al despacho de Luis de Guindos, donde estaban Botín, Fainé y González. Fue una reunión inútil y el ministro volvió a citarnos para el domingo. Le faltaba algo desde luego. El sábado por la mañana tuve una reunión en mi casa con el equipo de Bankia, Lazard y McKinsey. Repasamos los números, los balances, los argumentos, todo estaba claro para mi reunión del domingo en el ministerio. Ese sábado yo tenía un compromiso previo para participar en una conferencia con inversores en Florencia. Llegué el sábado por la tarde, hice mi intervención sobre la situación del euro y la necesidad de que el BCE actuara como prestamista de última instancia para dar credibilidad al euro. Todos parecíamos coincidir en ello. Me retiré pronto, sentía gran presión y tuve una noche muy inquieta. Todo iba muy deprisa hacia no sabía dónde. Por la mañana participé en una discusión sobre el futuro de la Unión Europea y me volví de inmediato a Madrid. Nada más aterrizar, en el trayecto hacia casa, llamé a Cristóbal Montoro, que me confesó: «Rodrigo, eres una víctima colateral». Habían tenido una reunión Rajoy, la vicepresidenta Soraya Sáenz de Santamaría, Nadal y De Guindos y habían tomado la decisión de nacionalizar Bankia. Justo lo contrario de lo que el propio Montoro llevaba semanas diciéndome. Hacía apenas unos días que el propio Álvaro Nadal me había reiterado que no tenían decidido aún el mapa bancario. Al parecer en esa reunión tomaron la decisión.

La reunión con Luis de Guindos se celebró en la sala redonda que había justo al lado de su despacho, alrededor de una inmensa mesa tapizada de verde que parecía fuera de lugar. Los cinco perdimos un poco el tiempo hablando de los mercados, pero enseguida entramos en materia de lo que nos había llevado ese domingo hasta allí. De Guindos me preguntó cuánto iba a provisionar. Les dije que 7.000 millones, según los cálculos avalados por McKinsey. Mis competidores, capitaneados por FG, dijeron que les parecía poco. El ministro levantó la reunión y me llevó a su despacho, el mismo en el que yo había mantenido muchas reuniones, algunas con él. Nos sentamos y me pidió la dimisión, pero antes, para respaldar su posición, mencionó que Goldman Sachs le había hecho otros cálculos de las necesidades de Bankia. Le dije que «no me iba a oponer a la decisión del Gobierno». Acto seguido, me ofreció la presidencia de Repsol. Era un planteamiento absurdo, como si todo valiera. Volví a casa y se lo conté a Alicia. No pareció darle importancia a mi salida de Bankia, es más, noté cierto alivio. No dormí muy mal dadas las circunstancias.

A la mañana siguiente telefoneé a La Moncloa y pedí ver a Rajoy, que me recibió de inmediato. Quedó claro que la decisión de mi salida de Bankia era suya. Nada más salir de la reunión llamé a De Guindos y me dijo que, aunque aún no había hablado con Goirigolzarri, tenía que irme de inmediato. Al llegar al despacho preparé una nota dirigida a toda la plantilla, no quería que De Guindos manipulara mi salida. Pero cometí un grave error, no llamé a un abogado. Esa no iba a ser una despedida amistosa, ni mucho menos. Esa tarde me hice una foto con Goirigolzarri para calmar a los inversores, a los trabajadores y a los clientes, dándonos la mano, muy sonrientes. Unas horas más tarde yo acudía a la graduación de mi hija Gela en CUNEF. Luis de Guindos, en su calidad de antiguo alumno de la escuela de negocios, presidió la entrega de diplomas y en su discurso se refirió a mí como «el mejor ministro de Economía de la historia española». Yo me sentí halagado cuando seguramente debía haberme preocupado. Dos días más tarde, el miércoles 9 de mayo, dimití ante los consejos de BFA y Bankia, pero no de la presidencia de Caja Madrid. Por la mañana había firmado mi finiquito, aunque nunca llegué a cobrar la indemnización. Era difícil tener claro nada.

CAPÍTULO 8

Todos los malos precedentes comienzan como medidas justificadas.

JULIO CÉSAR

Ante la dimisión forzada del presidente del mayor banco español por activos, antiguo vicepresidente del Gobierno y ex director gerente del FMI, las autoridades españolas no dijeron nada; los mercados, sí. La acción cayó en picado y los depositantes empezaron a sacar su dinero de la entidad. Solo el entonces líder de la oposición, Alfredo Pérez Rubalcaba, hizo una declaración pública en la que aseguraba que él mantenía su cuenta en Bankia. El Banco de España, como confirmó poco después el propio gobernador, quería dejar claro con su silencio que ellos no tenían nada que ver con lo que pasaba. El 29 de mayo en el Senado, Fernández Ordóñez afirmó que «el Gobierno le imponía silencio» sobre Bankia, aunque en medio de los incesantes rumores, amenazó con dar una rueda de prensa sobre la situación. Pocos días después, un mes antes del fin de su mandato y tras reunirse con Rajoy, el gobernador presentaba su renuncia, tal y como De Guindos me había anunciado en enero. Draghi, presidente del BCE, aseguró por aquellos días que «el tema Bankia no ha podido hacerse peor».

El ministro de Asuntos Exteriores, José Manuel García-Margallo, me convocó a un almuerzo en la sede del ministerio, el Palacio de Viana, a la que asistieron varios ministros. Me pidieron que les explicase lo que había ocurrido, pero no pude darles muchas claves. Según relató después De Guindos en su libro *España amenazada* (Península, 2016), le molestó ese encuentro. En aquellos días, los presidentes de dos empresas del Ibex me contactaron para que me incorporara a sus respectivos consejos de administración —«A ver si dejas de perder el tiempo en lo imposible», me dijo uno de ellos.

El ministro intervino el 21 de mayo en unas jornadas periodísticas donde cifró las necesidades de Bankia «entre los 7.000 y los 7.500 millones de euros», para cumplir con los requisitos de capital impuestos por su departamento. Unas cifras en línea con los cálculos que nosotros le habíamos presentado. Sin embargo, al día siguiente en el Congreso, De Guindos incidió en que «el Gobierno apoyará plenamente las necesidades de capital que resulten del plan de viabilidad», es decir, que daría a los gestores lo que pidieran. Y así lo hizo.

El 25 de mayo, Goirigolzarri aseguró que las necesidades de Bankia ascendían a 19.000 millones de euros y que esa cuantía era su condición para seguir al frente de la entidad. El nuevo presidente de Bankia dijo que había hecho esos cálculos en colaboración con Goldman Sachs, uno de los primeros bancos de inversión del mundo y la misma entidad que citó De Guindos el día que me pidió la dimisión y volvió a citar en el Congreso. El rescate de Bankia se convertía así en el primer y único rescate público de la historia en el que son sus gestores y no el supervisor, en este caso el Banco de España, los que fijan la cuantía de las ayudas. Cuando en el juicio sobre la salida a bolsa se le preguntó a Miguel Crespo —que siguió siendo secretario general de Bankia con el nuevo equipo— por los honorarios que Goldman Sachs cobró por calcular las necesidades de la entidad, este afirmó que la cantidad fue un euro. Debe ser el único caso de altruismo en la larga historia de Goldman Sachs. Claro que Bankia ofrecía muchas oportunidades de negocio en el futuro.

Ese mismo 25 de mayo, Goirigolzarri planteó al consejo de Bankia la reformulación de las cuentas «en base a hechos sobrevenidos y a cambios regulatorios», una propuesta que fue avalada por Deloitte. Formular unas cuentas en función de hechos sucedidos en el ejercicio siguiente es ilegal, como el fiscal del caso Bankia, Alejandro Luzón, y el propio FROB recogieron en su escrito de acusación en 2017 y como ratificó la propia sentencia, en 2020. Eso supone que el FROB llevó, como mayor accionista y responsable de la elección del nuevo consejo, unas cuentas falseadas a la junta general de Bankia de junio de 2012 y las aprobó, esta vez con el visto bueno de Francisco Celma. Tampoco entonces ni cuando se certificó la ilegalidad, la CNMV actuó contra quienes presentaron esas cuentas falsas.

Según declaró Goirigolzarri en el Congreso en mayo de 2018, «las ayudas solicitadas por Bankia no llegaron hasta bien entrado 2013», lo que restaba urgencia a la intervención. El inefable y locuaz inspector del Banco de España, José Antonio Casaus, en un correo de 2014 aportado a la causa por sus compañeros, probablemente hartos de sus inconsistencias, admitía que «las pérdidas de Bankia se debieron en su totalidad a los cambios regulatorios».

Dentro de los 19.000 millones pedidos por Bankia se incluían 2.700 millones en créditos fiscales que los nuevos gestores no consideraban recuperables, lo que suponía que la nueva dirección de la entidad no consideraba que en un futuro más o menos próximo fuera a tener beneficios por esa cuantía. Por explicarlo simplemente, los créditos fiscales permiten compensar las pérdidas en que haya incurrido una sociedad con beneficios futuros, que son los que tributan en el impuesto de sociedades. En otoño de 2013, Luis de Guindos llevó al Congreso un decreto para que el Estado garantizara la efectividad de esos créditos fiscales para los bancos españoles, pero no para las empresas no financieras. Una política en favor de los bancos que ha continuado en la crisis de 2020. El resultado en la historia que nos ocupa fue que Bankia había recibido ayudas públicas por 2.700 millones dos veces por el mismo concepto, una al considerarlos no recuperables e incluirlos en el capital y otra al permitir usarlos para compensar beneficios. Así se lo relaté a los parlamentarios el 9 de enero de 2018 en el Congreso. Ni la Intervención General del Estado ni la Fiscalía prestaron atención. Tampoco el FROB, principal accionista de la entidad.

La reformulación de cuentas forzó el cambio del consejo de Bankia y de BFA, la ruina de las cajas integradas en BFA ya que perdieron todas sus acciones, y un largo proceso judicial de ocho años sobre la salida a bolsa de la entidad. Pero, además, esa fue la base de la petición del rescate bancario a la Unión Europea en el mes de junio. Lamentablemente, el pretendido efecto tranquilizador de la intervención de la entidad no se produjo. El día de mi salida de Bankia, el 7 de mayo, la prima de riesgo cotizaba a 420 puntos básicos. El sábado 9 de junio, España anunció el rescate bancario y, al lunes siguiente, la prima se disparó hasta los 520 puntos y seguiría en imparable escalada hasta los 636 puntos básicos el 23 de julio, pocos días antes del ya mencionado «whatever it takes» de Mario Draghi, que fue con ello el salvador del euro. Y de España.

La economía española parecía desahuciada por aquellos días. El rescate bancario no solo no había calmado a los mercados sino todo lo contrario. De los 100.000 millones que Bruselas puso a disposición de España, el Gobierno solo utilizó un 20 % de esos fondos en un intento de demostrar que no los necesitaba. Entonces, ¿para qué lo había pedido? Puestos a contratar firmas internacionales, De Guindos contrató a Oliver Wyman y a Roland Berger para certificar el estado de la banca española, ya que no parecía bastarle con los análisis del Banco de España, por ese entonces a punto de ser descabezado. La presión sobre el sector financiero tras los dos decretos Guindos y las negras previsiones publicadas por Oliver Wyman colapsaron el crédito. España fue el único país cuya economía, propiamente dicha, no fue rescatada por la UE, solo lo fue el sector bancario, pero sin embargo fue el que más sufrió la crisis. En diciembre de aquel año, Cristóbal Montoro convocó a la prensa extranjera a su despacho para explicarles que España, por el tamaño de su economía, no podía pedir el rescate de la UE. Se suponía que era un encuentro *off the record*, que sirviera para aclarar dudas a los periodistas, pero no para publicar lo que allí se dijera. El representante de *The Wall Street Journal* no lo interpretó así y publicó la noticia.

Pero volvamos al mes de mayo. Como en el consejo de BFA, al contrario que en Bankia, estábamos representados los presidentes de las cajas, Goirigolzarri nos convocó para que aceptáramos la reformulación de cuentas o, de lo contrario, nos amenazó con la posible sanción individual del

Banco de España. Aceptamos la reformulación «condicionada a la información que proporciona la dirección», que luego resultó ser ilegal. Pero a burro muerto, la cebada al rabo.

El consejo de Caja Madrid se reunió en junio y yo tenía que informar de lo que yo entonces desconocía, la justificación de las pérdidas con cargo a las cuentas de 2011. Le pedí a uno de los consejeros que había asistido a las explicaciones de José Sevilla y Francisco Celma sobre la reformulación de cuentas que me hiciera una nota, y se la entregué a los consejeros de Caja Madrid. La nota, que concluía que «los nuevos directivos se habían dotado de un amplio colchón financiero» a costa del erario público, se filtró a la prensa. La contestación me llegó a través de un artículo de García-Abadillo desde las páginas de *El Mundo* en el que me auguraba problemas judiciales. Acertó de lleno.

El Congreso me citó para ir a explicar lo sucedido y acudí a la cámara el 26 de julio. Expliqué a los diputados lo que sabía entonces. Recordé las provisiones realizadas por la entidad en 2010 y 2011 que ascendían casi a 15.000 millones de euros; el cumplimiento de las sucesivas orientaciones e instrucciones del Banco de España, empezando por la fusión; la salida a bolsa de Bankia con todas garantías, con la CNMV a la cabeza, el mejor comportamiento de la acción desde la salida a bolsa frente a la media del sector... Nunca tuve que cambiar esa explicación.

A Unión Progreso y Democracia (UPyD) le pareció que las explicaciones dadas por la crisis bancaria no eran suficientes y presentó dos querellas ante la Audiencia Nacional, una contra el consejo de Banca Cívica y otra contra el de Bankia. La documentación aportada en ambos casos se limitaba a recortes de prensa. El juez que dirimió la querella sobre Banca Cívica pidió un informe al Banco de España, tras lo cual la archivó. En el caso de Bankia, el juez Fernando Andreu ignoró durante los cinco años de instrucción los informes del regulador. Su ambición entonces era presidir la Audiencia Nacional, como le había hecho saber a varios interlocutores del caso, pese a sus conocidas relaciones con el comisario José Manuel Villarejo —que le llamaba «compadre»— y con Gao Ping, el empresario chino involucrado en una red de blanqueo de capitales por parte de la denominada mafia china en el caso Emperador.

El juez de Bankia aceptó la querella que presentó con recortes de prensa el diputado de UPyD Andrés Herzog, y no se recusó a sí mismo, pese a que ambos eran amigos personales de la época en la que Andreu ejerció como juez en el País Vasco. El fiscal le comentó a un abogado, comentario que este me trasladó, que «no hay cojones para rechazar la querella contra Bankia». Efectivamente, no los hubo.

Al aceptar la querella ese mes de julio, la totalidad de los consejeros de BFA y Bankia quedamos imputados. Tuve que buscarme un abogado, una experiencia nueva para mí, con sesenta y tres años. La Asociación de Compañías de Minería y Exploración de Australia (AMEC) me había ofrecido meses antes dar una conferencia sobre las perspectivas de la economía y el comercio globales. Acepté la propuesta y me llevé a Alicia y a dos de mis hijos a Australia, todavía confiado en mis propias perspectivas. Pero la araña iba cerrando sus redes. Nada iba a tener solución. Para empezar, las ofertas de trabajo se evaporaron.

A la vuelta de aquel verano empecé a preparar mi declaración ante Andreu. En el fondo, se trataba de repetir los hechos que ya había contado en el Congreso, no había decisiones concretas u operaciones singulares que estuvieran en entredicho. Pero alguien tenía que responder de los 19.000 millones solicitados por los nuevos gestores. Fui el último en declarar ante el juez. Solo contesté a mi abogado, Ignacio Ayala, al juez y al fiscal, una práctica que se haría costumbre a lo largo de los años. Los imputados queremos convencer al juez y al fiscal de que somos inocentes. Como mi abogado me insistiría años después en Soto del Real, al comenzar el juicio oral de Bankia, «lo importante no es que te den la razón, basta con que no te consideren culpable». En esta primera experiencia yo quería tener razón, deseaba hacerle entender al juez qué había sucedido. La declaración no salió mal porque ni el juez ni el fiscal tenían mucho que preguntar. Todas las autoridades regulatorias habían respaldado e impulsado la fusión de las siete cajas y la salida a bolsa. Además, yo había renunciado a la indemnización que recogía mi contrato, pese a que siempre pensé que fue un gesto inútil, aunque nunca se sabe. Pero el «agujero», la reformulación de cuentas y la actuación de Celma exigían una explicación. La tuvieron ocho años más tarde. La misma que dimos en el otoño de 2012, que el Banco de España, como institución, y todos sus altos cargos iban a respaldar. Pero el instructor no se sintió vinculado por la autoridad financiera del Estado. Y su actuación acabaría rechazada en el Tribunal Supremo. Sin ninguna consecuencia para el juez, con total impunidad.

Fue también ese otoño cuando Hacienda introdujo la posibilidad de realizar la llamada Declaración Tributaria Especial, la amnistía que Cristóbal Montoro y Ricardo Martínez Rico me habían anunciado antes de llegar al Gobierno.

Aquel intenso otoño de 2012 empecé a meditar. Yo había practicado yoga sin demasiada asiduidad desde los años ochenta con un conocido maestro, Ramiro Calle. Antes de ir a declarar ante el juez Fernando Andreu le pedí que me diera un intensivo de yoga mental para no perder la serenidad ni la concentración. Así empecé a practicar cada día. Durante aquellos años intensifiqué mi aprendizaje con clases guiadas del propio Ramiro en formato CD y a través de internet. También acudía con cierta regularidad a sus clases presenciales, hasta que un día me pidió que dejara de asistir a su centro porque había alumnos a los que les escandalizaba mi presencia. No me quedó más remedio que cumplir su petición y poco a poco dejó de tratarme. De manera que me quedé sin maestro, una persona esencial en el camino para avanzar hacia tu interior. Tardé más de tres años en encontrar otro, un síntoma de lo que se avecinaba.

Pese a todo, la tormenta no había hecho todavía acto de presencia, aunque las primeras nubes no tardarían en aparecer. Al inicio de 2013 volví a dar conferencias, dos compañías españolas y una estadounidense me contrataron como asesor. Como diría Emilio Botín, en septiembre de ese año «el dinero volvía a España», los precios de los activos habían bajado y resultaban atractivos para los inversores extranjeros. Participé en la compra de una gran inmobiliaria bancaria por parte de un grupo estadounidense. Además, empecé la construcción de un hotel en Alemania, una experiencia nueva para mí, que incluía el alquiler de la gestión a una compañía hotelera. Digamos que estaba bastante ocupado en mi día a día, como siempre en mi vida, pero ya se sabe que «el que por su gusto corre nunca de la vida cansa», según el dicho asturiano. Sentía como si estuviera otra vez en la casilla de salida tras mi vuelta de Washington. Pero mis errores iban a pasarme una factura que el Gobierno ya estaba preparando.

Fernando Andreu empezó a llamar a los testigos en el caso Bankia, una larga lista de declaraciones que coincidían en que las cuentas de BFA-Bankia eran correctas por parte de segundos niveles del regulador y la CNMV, concurrentes con las ya realizadas esa primavera por sus superiores. Todo esto nunca fue tenido en cuenta por el juez. Estaba empezando a conocer la omnipotencia y la impunidad del Estado. La primera, quizás necesaria; la segunda, una desgracia de profundas consecuencias. La Administración española ignora demasiado a menudo sus propias leyes y tienen que ser los ciudadanos, a costa de su bolsillo, los que restauran la legalidad tras prolongados litigios. Una Administración impune es una grave rémora de la realidad española y yo estaba empezando a conocerla.

En enero de 2013, estalló el llamado caso de los papeles de Bárcenas, donde aparecía mi nombre como receptor de sueldos en dinero negro durante mi etapa de ministro y así como otros miembros de aquellos gobiernos, entre ellos Mariano Rajoy. Negué la información a *El País*, que era el medio que publicaba esos supuestos listados, en lo que a mí se refería. No iba a hablar por los demás. Luis Bárcenas llevaba trabajando en Alianza Popular y después en el Partido Popular desde principios de los años ochenta. Yo lo conocía desde entonces, como sempiterno gerente del partido. No había tenido demasiadas ocasiones de trabajar con él, salvo en lo que se refería a cuestiones de personal. Cuando en 1989 me nombraron portavoz parlamentario del partido, no tuve más ocasiones de coincidir con él, ya que todas mis relaciones laborales y las de mis colaboradores pasaron a gestionarse a través del Grupo Parlamentario Popular. Solo en las campañas electorales volvía a tener relación con el PP para organizar y agendar viajes y actos. No recuerdo que Bárcenas me diera nunca dinero para nada. La lista manuscrita de nombres con cantidades asignadas, al parecer, había sido confeccionada por Álvaro Lapuerta, un histórico fundador de AP y gran amigo de Fraga. Sin embargo, Lapuerta negó su autoría en sus declaraciones ante la justicia. Cuando Lapuerta se jubiló, Rajoy promovió a Bárcenas como tesorero del PP y le hizo senador.

Según me contaron a mí años después, el abogado barcelonés Jorge Trías Sagnier había sido quien había suministrado a la prensa los listados, como venganza por no haber sido designado por el PP para los puestos que ambicionaba. En aquel momento, lo suyo habría sido querellarse contra quien sostuviera que yo había recibido dinero en sobres. En 2013 yo me sentía todavía un hombre de partido, así que traté de coordinarme con los demás afectados y celebramos una reunión en mi casa. La opinión mayoritaria de quienes acudieron a la cita fue que lo mejor era esperar, ya que Bárcenas había desmentido la veracidad de esa lista. Durante el juicio por esos papeles, celebrado en mayo de 2021, Bárcenas afirmó que él nunca me había dado un sobre, que eran apuntes de Lapuerta. El antiguo tesorero sufrió una profunda demencia durante la instrucción del caso y falleció en 2018. Cuando acudí al tanatorio, sus familiares se lamentaron de que hasta ese momento era el único miembro del PP que había acudido a darles el pésame.

La guerra entre Rajoy y Bárcenas todavía tenía muchos capítulos por escribir en aquel 2013. Bárcenas acabaría meses más tarde en la cárcel por temas fiscales y, con él en prisión, un pistolero entró en su casa, amordazó a su mujer y a su hijo Guillermo para buscar documentación que pudiera incriminar al presidente del Gobierno y del partido. Un caso, conocido como Operación Kitchen, impulsado desde el Ministerio del Interior, pero del que Bárcenas responsabilizaba directamente a Rajoy.

Esa presión que los distintos casos iban poniendo sobre Rajoy acabó afectándonos a todos y desde luego a mí. Al fin y al cabo, Aznar me había colocado en el punto de mira al afirmar en su libro que había elegido a Rajoy como su sucesor porque yo no había aceptado sus condiciones para ser designado candidato. Lo que no debió de sentar muy bien a un hombre tan sinuoso como resultó ser Rajoy. A eso se unían los tejemanejes de las conocidas entre los miembros del partido como las «niñas asesinas» para intentar hacer ver que la parte buena de la historia del PP empezaba con ellas, que dejaban así atrás la etapa corrupta e inaceptable de José María Aznar. Como suele decirse, entre todos lo mataron y el PP solito se murió. Como consecuencia de la sentencia del caso Gürtel, sobre una trama de corrupción ligada al PP, Rajoy perdió el Gobierno en una moción de censura en 2018.

Esa primavera de 2013 comenzó una campaña conmigo como objetivo desde el diario *El Mundo*, que solo aquel año me dedicó más de veinte portadas y varios artículos escritos por Carlos Segovia, corresponsal económico del diario. Esa campaña duró varios años. Era el inicio de lo que ya me había advertido el subdirector del diario, Casimiro García-Abadillo, amigo íntimo de Luis de Guindos como ya he mencionado, cuando abandoné Bankia. A lo largo de los años, Carlos Segovia sería el receptor de todas las filtraciones del Servicio de Prevención del Blanqueo de Capitales (Sepblac), de la Oficina Nacional de Investigación del Fraude (ONIF), de la Fiscalía y de la Unidad Central Operativa (UCO) de la Guardia Civil siempre que las informaciones me fueran perjudiciales. En algún momento llegué incluso a visitar a un abogado especializado en el derecho al honor, quien me desaconsejó cualquier acción al ser yo un personaje público. No me parece muy civilizado que un pretendido derecho colectivo a la información prevalezca sobre el derecho individual al honor de una persona conocida, mediática. Pero en España es así.

Ante el evidente sesgo de las informaciones, dejé de leer *El Mundo* y comprobé hasta la fecha que se puede vivir perfectamente sin hacerlo. Me acuerdo de que muchos años antes cuando Jordi Pujol era *president* de la Generalitat y yo estaba en el Gobierno, me pidió en una conversación que comprobase si el diario *El País* le había publicado un artículo, ya que él dejó de leerlo desde el escándalo de Banca Catalana, que le afectaba. Yo, de momento, no he escrito nada en *El Mundo*. Las noticias se tapan unas a otras, aunque una campaña de tantos años afecta a tu imagen, sin ninguna duda. Con todo, eso acabaría siendo lo menos importante.

2013 resultaría ser el último año de mi vida como la había conocido hasta entonces.

CAPÍTULO 9

> Lo inevitable rara vez sucede, es lo inesperado lo que suele ocurrir.
>
> John Maynard Keynes

Mis trabajos para distintas compañías españolas y estadounidenses me ofrecían la posibilidad de canalizar ambiciosos proyectos de inversión desde los países del Golfo hacia España. Viajaba a Ginebra con bastante frecuencia por ese motivo y alguna vez tenía que desplazarme a Kuwait. En España, participaba en el llamado Foro Puente Aéreo, que organizaba mi amigo de más de treinta años Enrique Lacalle, en el que empresarios de Madrid y Barcelona se reunían de forma periódica para buscar puntos en común y proponer soluciones a las tensiones políticas que se iban acrecentando en Cataluña. Cualquiera diría que era una persona normal.

Fue en enero de 2014 cuando el juez de instrucción Elpidio Silva, que había encarcelado dos veces el año anterior a mi antecesor en Caja Madrid, Miguel Blesa, de forma preventiva en un caso luego anulado por la Audiencia Provincial, solicitó todos los correos de Blesa en sus más de diez años en la entidad, correos que inmediatamente se filtraron. En uno de esos correos, con Blesa en copia, el que fuera secretario del consejo, Enrique de la Torre, informaba a su sucesor, Jesús de Rodrigo, sobre la contabilización de las tarjetas de gastos de los consejeros de la entidad, adjudicándoles el nombre de tarjetas *black*.

A raíz de esa publicación, el FROB anunció la apertura de una investigación. Después supimos que solicitó los listados de gastos de esas tarjetas a Bankia, que no entregó los originales, que estaba obligada legalmente a destruir al año siguiente de su uso y, por tanto, no deberían existir. Ante esta situación, Bankia elaboró una hoja de cálculo Excel con asignación de cantidades y categorías de gasto, muchas de ellas erróneas y que nunca fue autentificada por el juzgado. El FROB, un órgano dependiente del Ministerio de Economía, sin autorización judicial, sin conocimiento y menos aún sin autorización de los afectados, pasó esos datos al fiscal del caso por la salida a bolsa de Bankia, Alejandro Luzón. En julio de 2013, Bankia se puso en contacto conmigo para reclamarme lo gastado con mi tarjeta. Les respondí que la tarjeta formaba parte de mi contrato, como bien sabían. Pese a todo, la reclamación se producía en plena instrucción del caso Bankia y renuncié a cualquier tipo de litigio para evitar acabar en los tribunales. Pagué de inmediato el importe que me reclamaban y les creí cuando me dijeron que con eso la cuestión estaba zanjada. No sirvió de nada.

En octubre se filtró que los consejeros de Caja Madrid usaban tarjetas de crédito que supuestamente no declaraban a Hacienda en sus rentas, sino como gastos de la sociedad, según un informe elaborado para Bankia que no lo consideraba delito. Para inflar el escándalo se filtró el listado, con datos en cualquier caso confidenciales, de los gastos realizados por cada consejero. El linchamiento había comenzado. Tanto De Guindos como Montoro hicieron declaraciones muy críticas, todos los estamentos empresariales renegaron de esas prácticas y los partidos políticos expulsaron de sus filas a los beneficiarios de las tarjetas.

Casualmente, la filtración se produjo días antes de que el Banco Central Europeo informara de que Bankia era el banco español más capitalizado y de que tenía exceso de capital. De hecho, en las declaraciones que varios altos cargos del Banco de España y de la Comisión Nacional del Mercado de Valores (CNMV) estaban haciendo por aquellas fechas ante el juez Andreu por el caso Bankia, uno de ellos puso en tela de juicio la necesidad de los 19.000 millones pedidos por José Ignacio Goirigolzarri, que acabaron siendo 25.000 millones. Fue Jerónimo Martínez Tello, que había sido director general de Supervisión del Banco de España, el que declaró que la cuantía solicitada por los nuevos gestores de Bankia no tenía nada que ver con la necesidad de provisionar pérdidas, sino que eran «el cálculo de un inversor profesional para obtener una rentabilidad del 8 %». Una vez más, Fernando Andreu ignoró los testimonios que no respondían a la idea que él tenía del caso. El reconocido abogado Gonzalo Rodríguez Mourullo me dijo por aquellos días: «Si no fueras tú, el juez archivaría la causa». Una frase que escucharía muchas veces a lo largo de los siguientes años.

Sin embargo, para entonces los antiguos gestores de Bankia éramos ya unos chorizos oficiales, «depredadores» en palabras del fiscal Luzón durante el juicio que se celebró por un gasto de 15,2 millones de euros, acumulado a lo largo de más de diez años por 86 personas. Además, esos quince millones correspondían a las cuentas de Caja Madrid, no de Bankia. Y su gestión afectaba directamente tanto al PP como al PSOE, a los sindicatos UGT y CCOO de Madrid y a la patronal regional. Se ha escrito mucho sobre las tarjetas mal llamadas *black*. Era un sistema de remuneración de los consejeros que llevaba en vigor desde 1988, como quedó demostrado en el juicio, y eran públicamente conocidas. Tanto que cada año la entidad se deducía esos gastos en sus declaraciones fiscales y, por lo tanto, no podían ser opacas para la Agencia Tributaria. A esas alturas no había nada que hacer. El juez Andreu me imputó por apropiación indebida, sin que el supuesto acreedor —Bankia como heredera de Caja Madrid— me reclamara cantidad alguna, y me impuso una fianza de tres millones de euros por la totalidad de los gastos pagados con las tarjetas durante mi época de presidente. Unos familiares pidieron un aval al banco para pagar mi fianza y solo por eso hubo peticiones en las redes sociales para que la gente retirara sus ahorros de ese banco. Ese era el ambiente en aquellos momentos. Después me he preguntado muchas veces si debimos haber reaccionado al salir las primeras informaciones sobre tarjetas meses antes.

Recuerdo que en septiembre, con anterioridad a que estallara el escándalo de las tarjetas, fui a ver a Cristóbal Montoro, que me recibió de inmediato, para contarle cómo iba la instrucción del caso Bankia, las declaraciones tan positivas que los miembros del Banco de España y la CNMV habían hecho ante el juez Andreu y mi convencimiento de que estábamos en la recta final del tema a expensas de lo que dijeran los peritos. ¡Menudo ojo!

Ese mes fallecieron Emilio Botín, presidente del Banco Santander, e Isidoro Álvarez, presidente de El Corte Inglés, a quienes conocía bien, y dos periódicos me pidieron sendos obituarios, que escribí con cariño. Eran personas a las que había tratado a lo largo de muchos años, que habían dominado la vida empresarial española e internacional en sus respectivos ámbitos. En cierta manera, su fallecimiento marcaba el cambio de época, que había comenzado con los resultados de las elecciones europeas de 2014 que supusieron la irrupción de Podemos y Pablo Iglesias, subidos a lomos del descontento de la crisis de 2008, del 15M y el desastre social. Era el fin del bipartidismo, según la vehemencia propia de los medios de comunicación. La decisión del rey Juan Carlos de renunciar al trono en favor de su hijo Felipe añadió más dramatismo al escenario político. Alicia y yo acudimos a la recepción del Palacio Real, conscientes de vivir un momento histórico en un lugar histórico. Sería la última vez que nos invitarían desde la Casa Real. A finales de julio, el PSOE eligió como secretario general a un desconocido entonces Pedro Sánchez.

Sin saberlo, yo estaba entrando en un camino y una vida totalmente distintos. Entonces no era fácil verlo. Mi mente me llevaba una y otra vez al pasado, a las opciones que elegí y las que rechacé. Todavía no había aprendido que la mente discursiva, el incesante diálogo interior que te lleva de un tema a otro, te paraliza y te conduce irremediablemente a la equivocación. Necesitaba mucha más meditación e instrucción. La acabaría obteniendo. Tardaría años en dominar estas elucubraciones con disciplina mental, quietud, silencio, constancia en la contemplación. Recordar el pasado es un engaño inútil y traicionero, pero es lo que le gusta a nuestro ego. Aprendí a vivir de otra manera, más segura, a no edificar sobre arena. Años más tarde mi amigo Antonio me diría en una conversación junto a mi hija Gela: «Si no aprendes de lo que te pasa, todo te sigue pasando una y otra vez».

Todavía faltaba mucho más. El primer informe de los peritos judiciales afirmaba que las cuentas de BFA-Bankia eran falsas. Eso era lo que esperaba y quería escuchar el juez Andreu, porque con eso ya tenía caso. A principios de diciembre de 2014, volé a Estambul para presentar mi dimisión como miembro del consejo asesor internacional de Akbank, al que pertenecía desde mayo de 2010, con autorización del consejo de Caja Madrid. El consejo se reunía dos veces al año, en sendos fines de semana, y casi siempre en Estambul. Durante esos días discutíamos sobre la situación de la economía mundial, de la evolución del sector financiero, las perspectivas de la economía turca y de Akbank, en particular. Era un grupo muy diverso e interesante, con gente muy reconocida a nivel internacional, pero el escándalo de las tarjetas se lo llevó por delante. En uno de esos encuentros celebrados al lado del Bósforo me enteré de las conclusiones del informe de los peritos. Aunque no conocía en detalle el documento, aquella mañana intervine en un programa de la radio española para reiterar mis argumentos de que tanto el Banco de España como la CNMV y el FROB habían respaldado nuestras cuentas. Una sentencia lo ratificaría en 2020, pero a Fernando Andreu nadie le va a pedir responsabilidades ni es fácil que a esos peritos judiciales o al propio FROB se les pueda exigir responsabilidades. Sus actos no tienen consecuencias. Como me diría, con toda la razón, un experimentado banquero español amigo mío: «Parece mentira que no supieras en qué país vivías».

Aquellos peritos, designados por el Banco de España, eran inspectores pertenecientes al regulador, pero sin embargo consideraban irrelevante la opinión de su propio organismo en temas contables y financieros. Así lo decían expresamente en su primer informe, en el que concluían que no había provisiones que fueran aplicables al balance de BFA, pese a que habíamos hecho saneamientos por más de 14.000 millones de euros en dos años. El juez Andreu impediría que los abogados defensores preguntaran por esa cuestión a los dos peritos cuando ratificaron su informe. ¿Qué importancia tenía la opinión de todos los reguladores financieros españoles en un tema de su exclusiva competencia para un juez de la Audiencia Nacional? Ninguna. El propio Banco de España, escandalizado, reaccionó en la reunión del consejo del FROB de ese mes de diciembre, aunque de eso no nos enteramos hasta 2019 durante la celebración del juicio oral. El consejo del FROB, integrado por representantes de los Ministerios de Economía y de Hacienda, de la CNMV y del Banco de España, recibió en febrero de 2015 un informe de la Dirección General de Supervisión que rechazaba las conclusiones de los peritos sobre la falta de provisiones. El problema es que el Banco de España, que entonces tenía la mayoría en el FROB, no estaba personado en la causa y se desentendió de enviar sus conclusiones al juez.

Los peritos judiciales ratificaron su informe en ese febrero de 2015. Andreu no permitió preguntas sobre las decisiones e informes del Banco de España que les contradecían. Yo sabía que existían informes internos de la autoridad monetaria sobre este peritaje judicial. Los pedimos a través del juez instructor, quien se negó a reclamarlos a la entidad. Recurrimos a la flamante Ley de Transparencia para exigir esos informes. La respuesta fue que la nueva legislación no era de aplicación a este caso. La justicia, aquí, vino a echarnos una mano. Un juzgado de Navalcarnero, localidad al sur de Madrid, había estimado la demanda de un accionista por la salida a bolsa de Bankia. Fue ese juzgado el que pidió al Banco de España que aclarara si la entidad contaba con provisiones o no suficientes en la salida a bolsa. A principios de 2016, el Banco de España envió a ese juez el informe de su Dirección de Supervisión que nos daba la razón y echaba por tierra las conclusiones de los peritos.

Con el estallido del caso de las tarjetas, mis clientes inmobiliarios británicos y del golfo Pérsico dejaron de tratarme. Un consejo asesor de un banco español al que pertenecía fue disuelto por la nueva dirección. Alguna colaboración con un *private equity* —un tipo de entidad de capital inversión destinada a adquirir el paquete mayoritario de acciones de una sociedad— estadounidense sí se mantuvo. Mi amigo Vicente me confirmó en el bar del hotel Velázquez que a esas alturas estaba solo y otro amigo, Javier, vino a casa a pedirme que renunciara al carnet del PP, que tenía desde 1979. Así lo hice. La tensión en la calle crecía. Las miradas eran duras, críticas, al igual que los comentarios de gente que se cruzaba conmigo. Yo andaba como sonado. Todo pasaba como si nada tuviera importancia, pero lo cierto era que los espacios en los que me había movido en los últimos treinta años de mi vida se iban cerrando día a día. Años más tarde supe que el propio Luis de Guindos había llamado, sin éxito, a un consejero de unos grandes almacenes españoles para instarle a que despidieran a un directivo que había sido beneficiario de una de esas tarjetas. Lo mismo hizo con otra persona en la Comunidad de Madrid, pero esa vez logró su propósito.

CAPÍTULO 10

No desperdicies lágrimas frescas en dolores pasados.

EURÍPIDES

Mientras tanto pasaban otras cosas, muchas de ellas señales de lo que estaba por venir. Recibí un contundente recado de Fátima Báñez, ministra de Trabajo: «Aléjate de Rodrigo, que va a tener problemas». Un director de un periódico nacional me invitó a comer al hotel Santo Mauro de Madrid, donde coincidimos con Carlos Slim, con quien charlamos brevemente. En la comida el periodista me dijo: «¿Sabes que te van a detener?». No supe responder. Días más tarde, fui a visitar a un destacado político del PP, ya retirado, que me dijo lo mismo: «El Gobierno quiere meterte en la cárcel». Era marzo de 2015. Por esas fechas, Alicia y yo cenamos con los veteranos periodistas de *La Vanguardia* Mar Díaz-Varela y Mariano Guindal en un restaurante especializado en setas y a los postres nos dieron el mismo mensaje. Me sentía indefenso, pero me negaba a creerlo. Yo conocía mis pecados y no creía que ninguno me pudiera llevar hasta la cárcel. Sentía que si alguien quería atacarme o vengarse ya era más que suficiente lidiar con el tema de las tarjetas y con Bankia. Me equivocaba. Me fui a pasar la Semana Santa a Asturias, con Alicia y con mi hermana. La semana transcurrió más o menos tranquila, pese a que tuvimos que marcharnos antes de lo previsto para acompañar a un amigo que había perdido a su mujer.

El lunes 13 fui a recoger a Alicia a su trabajo, que estaba angustiada. Un amigo que trabajaba en un confidencial le había llamado para contarle que iban a publicar que el Servicio de Prevención de Blanqueo de Capitales, el Sepblac, dependiente del Ministerio de Economía, me estaba investigando por haberme acogido a la regularización fiscal de 2012. Al parecer, el Sepblac estaba haciendo indagaciones a varias de las casi 30.000 personas que habían regularizado su situación fiscal, pero apenas se filtraron algunos nombres y, significativamente, el mío. A la mañana siguiente la noticia abría los informativos, una radio me llamó a casa. Yo ni lo negué ni lo reconocí, no sabía qué hacer ni cómo defenderme. Un día después, el ministro de Justicia, Rafael Catalá, confirmaba en declaraciones a la agencia Efe la información. «[El señor Rato] accedió a una regularización fiscal y eso tiene un tratamiento meramente fiscal. Lo que se está investigando por el Servicio de Prevención de Blanqueo de Capitales es si el origen de esas rentas regularizadas es lícito o ilícito. De momento no sabemos nada», fueron sus palabras. Una evidente conculcación del derecho de todos los contribuyentes a que sus datos fiscales, sean cuales sean, estén protegidos por la Administración Tributaria, que es quien los gestiona. Estaba claro, además, que era un tema que se discutía entre los ministros. Ningún ministro puede conocer los datos fiscales de un contribuyente y menos hacerlos públicos, pero claramente en el Gobierno de Rajoy no era así. Ahora las advertencias de Fátima Báñez cobraban cada vez más sentido.

Era jueves 16 de abril. Aquella mañana cuando salí de casa había un todoterreno apostado en la esquina de mi calle con Castelló. El vehículo me siguió toda la mañana, mis escoltas se percataron de su presencia y al comprobar la matrícula me informaron de que el coche pertenecía al Servicio de Vigilancia Aduanera, un organismo dependiente del Ministerio de Hacienda. En cuanto terminé de hacer las gestiones imprescindibles volví a casa. Ese día comí solo y fue entonces cuando me llamó un amigo que había sido secretario de Estado de Seguridad para contarme que «un comisario amigo mío me ha llamado para contarme que te van a detener». Eran poco más de las tres de la tarde. En ese momento debí haber llamado a mi abogado, pero lo que se me ocurrió fue llamar a Pedro Arriola, al que conocía hacía muchos años, para ver si me podía confirmar que esa era la intención del Gobierno.

Estaba al teléfono cuando llamaron a casa, al timbre y con fuertes golpes y voces en la puerta. Una turba de agentes con chalecos del Servicio de Aduanas apareció en el descansillo, eran tantos que se amontonaban en las escaleras y llegaban hasta el piso de abajo. No les pedí ni identificación ni autorización judicial. Estaba noqueado y les dejé hacer.

En minutos se llenó la casa de gente, creí contar más de veinte personas. El registro se producía por una denuncia presentada por la Oficina Nacional de Investigación del Fraude (ONIF), una sección de la Agencia Tributaria, ante la Fiscalía de Madrid en base a lo que se denomina «denuncia temprana». Acompañaba a los agentes una secretaria judicial, que supuestamente iba tomando nota del registro pero que se sentó en la biblioteca de casa y ya no se levantó.

Llegó mi hijo del colegio y se quedó parado en la puerta, sin dar crédito ni saber qué hacer, pero demostrando gran entereza para un chaval de su edad. Poco después llegó Alicia, a la que la noticia le había pillado en la redacción del periódico. Fue siguiendo a los agentes a donde le pedían para hacer el registro. No sé lo que buscaban, pero miraron en los lugares más insospechados, un cajón de ropa interior en el dormitorio, un mueble de mi madre para las bandejas junto al comedor. Incluso hacían comentarios entre ellos sobre la casa y el contenido que iban encontrando, como si no estuviéramos presentes. Llegaron mis hijas, así como mi abogado, Ignacio Ayala, que se había enterado por la radio. En un momento dado se pusieron muy agresivos porque teníamos una caja fuerte, que no habíamos utilizado nunca y no recordábamos ni dónde estaban las llaves. Al cabo de un buen rato aparecieron, pero no nos acordábamos de la clave. Los agentes se pusieron más tensos aún, mientras otros acumulaban los papeles que encontraban en cajas, entre ellos algunos diarios de mi madre, fallecida diez años antes. Después de muchas combinaciones logramos abrir la caja fuerte y para su decepción no solo estaba vacía, sino que tenía incluso restos de obra en su interior. Era evidente que no había sido utilizada nunca. Entonces decidieron llevarme a mi oficina.

Al salir a la calle había todo un circo montado, la calzada cortada al tráfico, gente arremolinada cerca del portal, policías y periodistas por todos lados. Buscaban mi foto entrando en un vehículo policial, aunque en este caso fuera del Servicio de Aduanas, y la imagen dio la vuelta al mundo. Las cámaras de televisión estaban apostadas en el portal de enfrente y habían grabado incluso la entrada de los agentes de Aduanas. Como supe después, habían llegado antes que ellos gracias al aviso de María Pico, jefa de gabinete de la vicepresidenta del Gobierno. Algunos reporteros llegaron a ofrecer dinero a varios vecinos del edificio de enfrente para filmar nuestra casa desde sus pisos; nadie aceptó.

El registro de mi oficina duro más de cuatro horas, en un ir y venir de algo más de veinte agentes de Aduanas y personal de la ONIF deambulando por unos escasos setenta metros cuadrados. Al frente de todos ellos, Luis Agustín Terán, uno de los autores de la denominada «denuncia temprana» que había dado origen a la detención. Habitualmente, si Hacienda detecta alguna anomalía relacionada con un contribuyente, le envía una comunicación para comprobar los datos y verificar sus sospechas. En el caso de una denuncia temprana, se persona directamente ante el juez para que le permita realizar una investigación.

De ambos registros se llevaron doce millones de documentos, que ocupaban dos terabytes de memoria, según el auto de octubre de 2020 del juez de instrucción del Juzgado 31, Antonio Serrano Arnal, que es quien lleva mi causa. La denuncia se refería a los ejercicios 2012 y 2013, pero la secretaria judicial autorizó a Terán a llevarse todos los documentos que quería. Total, su decisión no iba a tener ninguna consecuencia para ella. Otro caso más de omnipotencia e impunidad. Cuando dieron por terminado el registro, sobre las 22:00 horas, el juez dudaba si me enviaba a dormir a comisaría o volvía a mi domicilio. Después supe que estaba previsto que pasara la noche en la comisaría de Chamberí, donde el comisario, al ser informado esa tarde de que yo podía acabar la noche allí, preparó un despacho. Desde el Gobierno le dijeron que tenía que dormir en el calabozo. Al final, después de varias llamadas de Terán, el juez decidió levantar la detención y volví a dormir a casa.

Cinco años después, en octubre de 2020, el Tribunal Supremo declaró nulos los registros que se realizasen sin estar incluidos en un proceso formal de inspección, es decir sin que se haya comunicado al contribuyente el inicio de las actuaciones por parte de la Agencia Tributaria. Ese era mi caso y, por tanto, la Fiscalía no podía haber respaldado los registros de mi casa y mi oficina, según decía el alto tribunal. Apelando a esa sentencia se lo comunicamos al instructor del Juzgado 31, Antonio Serrano Arnal, que ignoró nuestra reclamación.

El viernes 17 de abril, mi casa estaba sitiada por cámaras, periodistas y fotógrafos que impedían a la gente pasar por la acera. Mis vecinos tenían que cruzar entre ellos para entrar o salir de su propia casa. Había al menos seis o siete equipos apostados permanentemente en mi portal, desde primeras horas de la mañana hasta cerca de la medianoche. Al parecer, sin embargo, eso no es acoso, prima la libertad de prensa sobre los derechos individuales del afectado y de terceros. El sitio duró casi quince días. Yo tenía que salir a mi oficina, a entrevistarme con nuevos abogados, ya que Ignacio Ayala tenía incompatibilidades al trabajar previamente con una de las empresas para las que yo había elaborado informes. Perdí los trabajos que habían sobrevivido al escándalo de las tarjetas. A partir de ese momento, mi día a día se centraba en trabajar sin cesar en mi propia defensa.

Mi detención estaba sustentada en tres delitos, según constaban en la «denuncia temprana»: alzamiento de bienes, blanqueo de capitales en el extranjero y fraude fiscal, principalmente por movimientos de divisas. Esta acusación pasaba por alto que yo había trabajado en Estados Unidos, que a la vuelta a España había trabajado para un banco de inversión extranjero y que había regularizado mis activos en el exterior. Datos todos ellos que, no hay que olvidar, obraban en poder de Hacienda. La acusación de alzamiento de bienes fue sobreseída en junio de 2015, apenas dos meses después de mi detención, un hecho relevante, ya que había sido la justificación de las autoridades tributarias para pedir mi detención, puesto que ningún juez habría concedido la detención solo por delitos fiscales. Sobre el blanqueo en el extranjero, la fiscal presentó el 30 de mayo un escrito ante el juez en el que «ante la falta de indicios en la denuncia» solicitaba que hiciera una investigación la Unidad Central Operativa (UCO), el órgano de la Guardia Civil que presta servicio de policía judicial.

Recurrimos la solicitud alegando que esto era una investigación prospectiva, es decir, se pedía a la UCO buscar a ver si se encontraba algo, un extremo que está expresamente prohibido por ley. (Resulta curioso, dado que solo la policía y los fiscales pueden llevar a cabo una investigación de este tipo; los legisladores han dejado claro que es un acto prohibido pero no es delito.) Después el propio juez Serrano Arnal desestimaría hasta en tres ocasiones las peticiones de la fiscal Elena Lorente por considerarlas de carácter prospectivo, decisiones ratificadas posteriormente por la Audiencia Provincial. Ahí quedó la cosa y, como en muchas otras ocasiones, sin ninguna consecuencia para los implicados, salvo el contribuyente, claro. En el caso de la acusación de blanqueo, el juez acordó que la UCO buscara indicios de posible delito «utilizando todos los medios que juzgara convenientes». Vaya si lo hicieron.

En cuanto al fraude fiscal, la base de la denuncia era el cobro de mis trabajos profesionales a través de una sociedad. Esto de los trabajos profesionales es una ficción por la que la ley permite a Hacienda gravarte por unos ingresos que recibe una sociedad aunque tú no los hayas recibido. La cuestión es si tú eres el autor material del trabajo y qué remuneración recibes por ello. En principio debe ser según Hacienda la de mercado, la que se paga profesionalmente. Es un adelanto de ingresos, ya que el día que la sociedad te los pague estarán ya devengados. Es evidente que no hay ocultación, los ingresos han sido declarados, la sociedad ha pagado sus impuestos. La cuestión es que el tipo del impuesto de sociedades es de media menor que el de la renta y este no permite deducir determinados gastos necesarios para realizar tu trabajo, algo que sí se puede hacer a través de una empresa. Desde hacía años, la propia Hacienda no planteaba estas cuestiones por vía penal, sino administrativa. Se dio la casualidad de que en esa misma época dos expresidentes del Gobierno, Felipe González y José María Aznar, tuvieron que regularizar ingresos cobrados de esta manera. Nadie les acusó de ningún delito, ni mucho menos se emprendieron acciones en su contra por la vía penal. En 2018, con la llegada del nuevo Gobierno socialista al poder y sus respectivas declaraciones de bienes, como corresponde a los cargos públicos, un buen número de ministros tenían sus viviendas a nombre de sociedades. Tampoco nadie fue acusado de delito. Serrano Arnal acabaría acusándome de delitos por hechos por los que a los demás les hacen una simple inspección. Aprendí que la justicia en España no es que no sea ciega, es que es distinta según quien seas.

El juez, a petición de la fiscal, me impuso una fianza de dieciocho millones de euros, una cuantía que siempre se negó a revisar. El sistema español de fianzas se aplica en la fase de instrucción y no solo sobre todos tus bienes, de los que no puedes disponer, sino también sobre todas tus rentas. De repente, y a expensas de lo que suceda con tu caso ocho o diez años después, tu disponibilidad de efectivo se fija en un máximo de tres veces el salario mínimo interprofesional, independientemente de que tengas hijos estudiando, de que estén en el extranjero o debas hacer frente a diversas hipotecas. El administrador de tus bienes pasa a ser el secretario judicial, que en mi caso confundía los dividendos de una sociedad con sus resultados. Inicialmente sus decisiones no eran recurribles, después lo fueron ante el propio juez, pero sin instancia superior a la que apelar su decisión. Tienes que pedir ayuda a los más cercanos, pero con instrucciones de tantos años esas ayudas se evaporan. Es un sistema injusto y brutal, en el que sufres la condena antes de ser juzgado. Podría tener sentido que no te dejaran disponer de tus bienes para hacer frente a una eventual responsabilidad futura, pero ¿por qué de tus rentas? Además, cuando embargan tus bienes lo hacen de forma indiscriminada. En mi caso, el embargo de mis cuentas afectó a algunos sobrinos, socios o sociedades que no eran objeto de la causa. Eso tampoco ha tenido ninguna consecuencia.

El sumario fue declarado secreto, que es la máxima restricción de tus derechos constitucionales. Solo tienen acceso a él los jueces y fiscales del caso y a quienes ellos autoricen. Al decir que el sumario era secreto quiero decir que lo era para mí y para mis abogados, pero no para Carlos Segovia, que lo iba publicando en *El Mundo*. En cambio, las filtraciones de un sumario secreto no se investigan. Yo lo denuncié y el juzgado admitió que se trataba de un delito del que, sin embargo, se desconocía el autor y dio carpetazo a la denuncia. Con razón los fiscales anticorrupción presumen de que, «en caso de absolución, nosotros ya hemos ganado cinco a uno: detención, filtraciones, fianzas, embargos y banquillo». Aun así, la Fiscalía Anticorrupción pierde más del 50 % de las causas convirtiéndose en el mayor litigante temerario de España, pero a los fiscales nunca les condenan, ni siquiera en costas, cuando sus denuncias resultan infundadas o incluso con aspectos ilegales, que de todo hay. Ya lo dicen ellos, que siempre ganan.

Ese mes de julio, para mi sorpresa, me citó el ministro del Interior, Jorge Fernández Díaz, y lo hizo en el palacete que ocupa el ministerio en el paseo de la Castellana, a la vista de todo el mundo. Claro, la entrevista se filtró. A Jorge Fernández lo conocía desde 1979, nos teníamos afecto. Hablamos de muchas cosas y yo me quedé con la impresión de que Interior no había intervenido en mi detención. El entonces ministro me enseñó un mensaje de Rajoy en su móvil en el que se interesaba por mí y, además, le llamó en ese momento para decirle que estábamos juntos. En 2019, en la prisión de Soto del Real, el extesorero del PP, Luis Bárcenas, me contó que a él Rajoy le había hecho lo mismo. Marca de la casa.

Unas semanas después, el juez me citó a declarar junto a la directora de la Oficina Nacional de Investigación del Fraude, Margarita García-Valdecasas. Ella tenía que ratificar la «denuncia temprana» que había dado pie a mi detención, aunque se negó a firmarla. Pero aun así el juez Serrano Arnal la obligó a declarar. Contó que primero le había presentado el caso a Alejandro Luzón, fiscal de la Audiencia Nacional, quien no había visto fundamento suficiente en la denuncia. Acudió entonces a la Fiscalía de Madrid, donde Javier Rodrigo de Francia aceptó presentar la denuncia. De los tres delitos de los que me acusó, uno —alzamiento de bienes— decayó en menos de dos meses y de otro —blanqueo de capitales— «no había indicios en la denuncia», según la fiscal del caso. Respecto al tercer delito, el de fraude fiscal, la directora de la ONIF se negaba a ratificarlo. El caso no ha tenido ningún impacto en su carrera ni ninguna consecuencia para él o la Fiscalía de Madrid.

Yo, imprudentemente como aprendí después, presté declaración pese a que la causa estaba declarada secreta y no pudimos preguntar nada concreto a la directora de la ONIF porque desconocíamos el contenido del sumario. Ni el juez ni la fiscal tenían nada concreto que preguntarme y yo me declaré inocente. En quince días se estropearían, aún más si cabe, las cosas.

A mediados de agosto, la UCO envió un informe al juez Serrano Arnal sobre el cobro de una comisión del empresario Alberto Portuondo por campañas de publicidad para las agencias Publicis y Zenith, y sobre su relación con una de mis empresas, Kradonara, a la que Portuondo también había pagado unas cantidades. Los agentes de la Guardia Civil le detuvieron en Barajas, cuando se disponía a tomar un avión para volar a México, donde residía. Permaneció dos días detenido en los calabozos de la UCO en Tres Cantos, a las afueras de Madrid, y le ofrecieron liberarle y un billete de avión para México si declaraba que él y yo nos habíamos confabulado en la supuesta estafa, según relató su abogado a mi abogada. Portuondo rechazó el pacto. También lo hizo ante el juez Serrano Arnal, al que le explicó que sus pagos a Kradonara estaban relacionados con trabajos que habíamos hecho para él. El juez le impuso prisión preventiva sin fianza, una medida extrema solo justificada por riesgo de fuga, posible destrucción de pruebas o reiteración delictiva. Ninguna de esas razones podía aplicarse a este caso, como tres meses más tarde reconocería la Audiencia Provincial de Madrid. Al margen del hecho de que el delito de corrupción entre particulares entró en vigor seis meses después de la firma de Portuondo con las dos agencias de publicidad, como alegó su abogado. También después de la celebración del concurso que ganó Publicis. Para entonces, en lenguaje de la Fiscalía Anticorrupción, con Portuondo ya iban cuatro a cero: detención, divulgación del sumario, prisión preventiva y pérdida de su empleo en México. Yo iba conduciendo con mi hija Ana por el Muro de Gijón cuando escuchamos la noticia en la radio. Nos fuimos de inmediato a casa, hicimos las maletas y nos volvimos a Madrid, en previsión del acoso mediático. Estábamos entrenados. El verano había sido muy duro en ese sentido, con periodistas y televisiones apostadas permanentemente delante de mi casa en Cabueñes, algunos escraches y fotos en cualquier lugar al que íbamos.

La detención y la prisión preventiva son medidas extremas que se utilizan habitualmente para doblegar voluntades. Muy a menudo jueces y fiscales acaban pactando con el preso preventivo, para que este acepte la culpabilidad a cambio de una condena equivalente al tiempo que ya ha estado detenido y por una multa poco más que simbólica. Pero cuando el acusado está privado de libertad, cualquiera pensaría que se le está coaccionando con esos términos de negociación. Si el acusado es culpable, se libra del riesgo de una pena mucho mayor, pero si es inocente y lleva uno o dos años en prisión preventiva acepta casi cualquier tipo de acuerdo. En España, en teoría, el plazo máximo no puede exceder los dos años, pero la medida se puede prorrogar por otros dos años en determinados casos. El caso de la publicidad me dolió mucho, sobre todo con los amigos. «Es de robaperas», me dijo uno de ellos; otros se alejaron definitivamente.

Por esta cuestión, el juez llamó a declarar a mucha gente tanto de Bankia como de las dos agencias. Los primeros me responsabilizaron a mí de los dos contratos, que habían pasado por todos los comités necesarios. De hecho, Publicis y Zenith siguieron trabajando para Bankia después de mi salida de la entidad pese a que sus contratos tenían carácter anual y podían ser renovados o no.

En 2011, quien había firmado esos contratos, como correspondía a sus competencias, era la directora de Comunicación de Bankia, Pilar Trucios. Ella diferenció entre las dos empresas. Todo el mundo estaba de acuerdo en que la opción de Zenith era la mejor dentro del «concurso de medios», como se denomina la gestión de la publicidad en medios de comunicación, y al que se habían presentado además otras dos empresas. En cuanto al «contrato de creatividad», Publicis se presentó al concurso junto a otras dos empresas. La parte del equipo de comunicación que provenía de Bancaja, una de las cajas fusionadas, quería claramente que el ganador fuera Remo, una agencia valenciana, que al no conseguir el contrato desapareció, e imagino que presionaba a Trucios. En su declaración ante el juez, Pilar Trucios aseguró que yo la había presionado para contratar a Publicis. La realidad es que Trucios me planteó que dividiéramos el contrato entre dos empresas, pese a que el concurso lo había ganado Publicis por unanimidad, y mi respuesta fue que uno de los motivos de la fusión era reducir costes y simplificar procesos, no mantener a los proveedores que tuvieran las distintas cajas. Pero con su declaración Trucios saldaba además cuentas con personas próximas a mí, a las que hacía responsables de su salida de Bankia en marzo de 2012, salida que se saldó con una indemnización equivalente a dos años de salario pese a haber trabajado solo un año en la entidad, pero así constaba en su contrato de alta dirección. Serrano Arnal llamó a declarar como imputados a todas las personas señaladas por Trucios. A dos de ellos los hizo detener en sus casas y los retuvo por 72 horas, el tiempo máximo que permite la ley antes de ponerlos a disposición judicial o dejarlos en libertad. Nadie ratificó las declaraciones de Trucios, que no solo había firmado los contratos, sino que los había presentado ante los comités correspondientes y el consejo de administración para su aprobación.

A finales de septiembre fui llamado a declarar. Primero en la sede de la UCO en Tres Cantos, a donde fui con una muda, sospechando que dormiría allí. Me preguntaron por todo menos por el tema de la publicidad. Al día siguiente, ante el juez Serrano Arnal, a quien le aporté la documentación correspondiente a los dos concursos que se habían realizado en Bankia y que habían ganado Publicis y Zenith, respectivamente. Le dije que yo no podía recordar todas las conversaciones con la directora de Comunicación de Bankia de cuatro años antes, pero que sí recordaba la posición que decidí adoptar sobre los proveedores en la fusión de las siete cajas: dejar en cada tema solo una empresa. Así, quien ganara el concurso, suministraría el correspondiente servicio a todo el grupo, en lugar de uno por cada caja como se hacía hasta ese momento. Eso parecía lo lógico en una fusión. Pese a que la fiscal no preguntó nada, al juez le bastaba con que hubiera un pago de Portuondo a mi empresa. A su entender eso ya me hacía culpable de algo. Pero ¿de qué?

El delito de corrupción entre particulares no es equivalente al cohecho de los funcionarios públicos, donde efectivamente cualquier pago es la prueba del delito. Entre particulares, el objeto a proteger es la libre competencia, si se ha vulnerado o no. En este caso, aparte de los trabajos efectivamente realizados a Portuondo, que aportamos al sumario, Publicis había ganado el concurso, su celebración estaba documentada y reconocida. La adjudicación a Zenith no planteó nunca ninguna discusión. El juez Serrano Arnal no aceptó ninguno de los argumentos que le planteamos e imputó a veinte personas, entre ellas a mi secretaria y a un estrecho colaborador mío. Los detuvo en sus domicilios y justo el día anterior al que estaban llamados a declarar, lo que les provocó un enorme daño de imagen, justo lo contrario de lo que en teoría impone la Ley de Enjuiciamiento. Se trataba de «ablandarles» con dos noches en los calabozos de la UCO. Pero era imposible que le contaran lo que no era cierto. Desconocían que mi empresa Kradonara tuviera ningún vínculo con la publicidad de Bankia, que no tenía, y ninguno de los dos había recibido ni firmado nada al respecto. Tras su liberación, el juez Serrano Arnal no impuso ninguna medida cautelar, salvo ir a firmar durante un tiempo una vez al mes en comisaría, lo que indica que la detención había sido arbitraria y excesiva. Pero son solo ciudadanos privados de libertad, qué más da. Nunca los volvió a llamar a declarar, pero en 2021 los imputó como parte de mi «círculo de confianza», según lo llamó.

Todo se iba complicando, mis relaciones con Lazard, con Telefónica, con la agencia que gestionaba mis conferencias. Todas las personas, físicas o jurídicas, que habían tenido algún tipo de relación conmigo resultaban imputadas, todo acababa manchado. El «caso Rato» lo llamaba la prensa con razón, era un caso personal.

A finales de agosto de 2015, mi hijo se marchó a estudiar a Holanda. Mientras le acompañaba, recordaba un viaje que hice en coche entre Lleida y Arties, en 1996, antes de que él naciera, junto a José María Aznar, que me planteó si era una buena idea ponerles nuestro nombre a nuestros hijos ahora que ya éramos conocidos. En septiembre, Alicia y yo nos casamos, lo necesitábamos, era una buena noticia entre tantos disgustos y preocupaciones. Resultó ser una gran idea que deberíamos haber tomado años antes. Nos reafirmó y nos tranquilizó. Fue una celebración muy sencilla y reducida en Carabaña, con los más íntimos, salvo mi hijo, que acababa de irse fuera. Nos casó la teniente de alcalde del pueblo, mi primo Kike Figaredo ofició después una de sus inspiradoras misas, seguida de una comida todos juntos en casa. El día que tenía que ir a declarar por las tarjetas, en octubre de 2014, Kike ya celebró una pequeña misa en casa. Hizo lo mismo en noviembre de 2020, cuando salí de la cárcel, y también antes de entrar en Soto del Real. Ese verano, además, recorrí con él unos tramos del Camino de Santiago durante dos días. Siempre le he tenido cerca.

Durante ese tiempo seguí meditando, más por supervivencia que por otra cosa, pero sin conseguir avanzar. Apenas lograba concentrarme unos veinte minutos al día para serenarme y drenar la angustia, pero lo hacía sin maestro, una figura imprescindible para avanzar en tu conocimiento interior.

CAPÍTULO 11

El pasado ya se ha ido, el futuro aún no está aquí. Solo hay un momento para que vivas.

BUDA

La boda fue una bonita vuelta del verano y un respiro antes del complicado otoño que se nos ofrecía por delante. El juez Serrano Arnal había claramente decidido plantear un «caso Rato». Pese a que la denuncia inicial que había dado pie al registro de mi casa y mi oficina se refería a mi declaración de la renta de los años 2013 y 2014, junto con el pago del impuesto de sociedades de Kradonara de los años 2012 y 2013, se empezó a revisar toda mi vida profesional y las de quienes me rodeaban y se tomaron las respectivas medidas. Para empezar, el juez instructor embargó numerosas cuentas bancarias de personas físicas y jurídicas con las que yo tenía algún tipo de relación económica, por mínima que fuera, causando mucho daño personal y escándalo social. Buena parte de mis sobrinos, socios, amigos y colaboradores fueron llamados a declarar por la relación que mantenían conmigo e incluso muchos de sus bienes fueron embargados. Entre lo requisado por presunta ocultación tributaria había rentas de sociedades, que como es preceptivo incluían su correspondiente IVA y hacían imposible que fueran desconocidas por Hacienda. Nada parecía importar. A pesar de que la fiscal Elena Lorente reconociera en mayo de 2015, apenas un mes después del registro, «que no había indicios de blanqueo en el extranjero», el juez habilitó a la UCO para que «utilizando cualquier medio» los buscara. Fue inútil el recurso a la Audiencia Provincial ante las crecientes evidencias de investigación prospectiva.

Ese verano mi amigo Juan, que siempre ha estado cerca de mí, me aconsejó que hiciera una auditoría pericial de mi situación tributaria. Fue un gran consejo que hice bien en seguir. Esa pericial acabó cambiando mi situación, aunque dudo mucho que Serrano Arnal leyera su contenido. En otoño, la ONIF remitió informes al juez que nada tenían que ver con la causa. El juez los rechazó, pero no exigió que las investigaciones de los inspectores se atuvieran a los límites de la «denuncia temprana». Eso permitió, entre otras cosas, que aceptara el informe sobre los concursos de publicidad de Bankia, aunque en los seis años de instrucción nunca investigó si en esos concursos se había vulnerado la competencia. Sí tengo que agradecerle, sin embargo, a Serrano Arnal que rechazase la presencia de las acusaciones populares en el caso a la búsqueda de notoriedad; ya estaba siendo suficientemente publicitado a través de la prensa.

En realidad, el caso había empezado a virar y se había convertido a esas alturas en un rosario de causas sobre todos los trabajos que había tenido desde que volví de Washington. Hubo caras amigas que se volvieron repentinamente recelosas al verse imputadas por su relación profesional conmigo. Una imputación impresiona y con razón, sobre todo si la acusación no tiene otra base más allá de mis contactos profesionales y les hace responsables de mis decisiones tributarias. Ha habido muchas carreras profesionales dañadas y vidas personales afectadas por el simple hecho de haber tenido tratos conmigo. Nada de eso formaba parte de la famosa «denuncia temprana», pero nadie asume responsabilidades por los daños innecesarios causados. Como dice Bob Dylan: «The cops don't need you and man they expect the same» («Los polis no te necesitan y esperan lo mismo de ti»).

Como la causa iba cambiando, al desestimarse las acusaciones iniciales y abrir nuevas investigaciones, solicitamos a la ONIF que presentara un informe definitivo para saber exactamente de qué se me acusaba —de qué delitos concretos, tipificados y acotados se me hacía responsable— para poder defenderme. Esa petición se convirtió en una constante mientras la Oficina de Investigación del Fraude presentaba ante el juez lo que se denominan «informes intermedios», un total de dieciocho sin llegar a cerrar una acusación concreta. El informe definitivo no se produjo hasta julio de 2021, seis años y medio después de que se produjera el registro en mi casa. Al parecer a Serrano Arnal no le llamaba la atención que una causa tributaria que no había estado precedida por una inspección formal, que venía con petición de detención y de requisar doce millones de documentos, no fuera acompañada de un informe definitivo de acusaciones. Parecía más bien que se trataba de encontrar lo que fuera para justificar aquel registro. De hecho, los informes de la ONIF sobre temas ajenos a aquellas primeras acusaciones indicaban una gran investigación prospectiva sobre toda mi carrera profesional, como lo demostraría en 2017 la UCO al presentar un documento sobre las privatizaciones llevadas a cabo por el Gobierno del

PP en 1998 y la fiscal, en julio de 2020, cuando solicitó introducir en la causa un informe de seiscientas cincuenta páginas para investigarme tributariamente por hechos nuevos, la regularización fiscal entre otros, y por alzamiento de bienes que no eran objeto. El juez rechazó el informe en septiembre, pero fue aceptado parcialmente por la Audiencia Provincial, la cual consideró «lógico» abrir esas nuevas investigaciones pese a que los hechos no habían sido objeto de instrucción ni de declaración por mi parte en todos los años de instrucción.

Entre enero y febrero de 2016 empecé a ir a declarar por distintos aspectos de toda mi vida profesional, sin saber muy bien cuál era la acusación concreta. Tenía más bien la impresión de una censura moralizante sobre el tipo de trabajos que había realizado. «Debe creerse que solo los ricos entienden estas cosas», creí escuchar decir a Serrano Arnal después de una explicación que le di sobre mis inversiones. «A por ellos», apuntó cuando pretendía investigar el contrato que mi secretaria tenía en Bankia. Nunca tuve ninguna confianza en su imparcialidad como juez, aunque es verdad que a veces puso coto a la fiscal Lorente, conocida por su papel en la detención y acusación fallida contra Mario Conde en aquellos años.

En el mes de marzo empezamos a tomar la iniciativa. Presentamos la primera prueba pericial ante el juez: quedaba probado que todas mis operaciones en divisas estaban declaradas a Hacienda; que, siguiendo la propia doctrina de la Agencia Tributaria, los ingresos profesionales a través de sociedades son legales; y que la AEAT no ha considerado nunca delito los numerosos casos de contribuyentes conocidos en situaciones similares. El juez le pasó el informe a los peritos de la ONIF, que difícilmente podían aceptar sus conclusiones, pues significaría admitir que habían cometido un delito. No sería hasta 2019 —tres años más tarde— cuando aceptaron que no había ninguna irregularidad tributaria en mis operaciones en divisas. La evidente contradicción de intereses de los peritos que fueron autores de la «denuncia temprana» y que luego fueron los mismos en prestar auxilio judicial en la verificación de mis pruebas aconsejaba, en nuestra opinión, que el juez debía designar otros peritos para la causa. Así se lo dijimos a Serrano Arnal, quien rechazó nuestra petición bajo la premisa de que «los funcionarios públicos tienen presunción de veracidad». Esta posición se mantuvo invariable durante toda la instrucción, mientras esos mismos funcionarios seguían sin remitir el informe final y ni siquiera cuando en 2017 declararon que ellos solo tenían en cuenta los hechos que favorecían las posiciones de la Hacienda Pública varió su planteamiento. Llegarían al juicio oral como los peritos judiciales del caso.

En mayo de 2016 empezaron a llegarme noticias de que la UCO, el órgano central del servicio de policía judicial de la Guardia Civil, estaba llamando a declarar a sus instalaciones de Tres Cantos, a las afueras de Madrid, a antiguos colaboradores míos en el Gobierno, a responsables de empresas para las que había trabajado a lo largo de los años y a algunos de mis antiguos socios en distintas actividades, sin ningún límite, ni en el tiempo ni en la duración de sus declaraciones. Como forma de protesta, se lo hicimos saber al juez, que preguntó a los responsables de la UCO por sus actuaciones. Estos respondieron que la instrucción que les había dado el juzgado era utilizar todos los medios posibles para investigar mi caso. No dábamos crédito. Volvimos a plantear la cuestión en el otoño y la UCO reiteró su respuesta ante el juez. Pocos meses más tarde nos enteraríamos de que habían llamado a decenas de personas a declarar, algunos como imputados, sin que estuviera claro el motivo. Más tarde, Serrano Arnal rechazó la totalidad del informe «por su carácter prospectivo y ajeno a lo ordenado por el juzgado», pero no adoptó más medidas ante unos hechos que claramente podían suponer una apropiación de funciones y de abuso de poder, entre otros cargos. Es más, mantuvo a los agentes de la UCO en calidad de auxilio judicial de la causa.

Todo esto se producía de forma paralela a la investigación del juez Fernando Andreu sobre el tema Bankia. Por esas fechas, el juez estaba a la espera de que sus peritos contestaran a las tímidas críticas que el regulador había vertido a través del FROB, en las que ponía en duda las conclusiones de que Bankia no tenía provisiones, según el criterio de esos peritos. Faltaban unos meses para que el juzgado civil de Navalcarnero diera la vuelta a la situación. En el caso de las tarjetas ya sabíamos que en septiembre nos veríamos las caras en la Audiencia Nacional, con el inicio del juicio oral. El juez Andreu y el fiscal Alejandro Luzón nos acusaban a todos de apropiación indebida, pese a que no había recibos de las operaciones que se habían llevado a cabo con las tarjetas. La acusación se limitó a elaborar una hoja de Excel con los movimientos tal y como las empresas de las tarjetas las anotaban en sus registros (y según las categorías que ellos asignaban a esos gastos), pero en ningún momento se pudo verificar su autenticidad cotejando los apuntes de las tarjetas con los consiguientes recibos. Se supone que era lo mínimo que se podía pedir a los representantes de la justicia y, sin embargo, el juez y el fiscal lo ignoraron. Más tarde, Luzón sería ascendido a fiscal de Anticorrupción.

Así llegamos al verano, que todo lo paraliza en términos judiciales. Con tantas causas abiertas e investigadas a la vez, necesitaba un descanso y mi familia también. La casa de Cabueñes, en Asturias, estaba alquilada para poder pagar sus gastos a la vez que estaba puesta a la venta, así que no era una opción para que pasáramos unos días de vacaciones. Tampoco guardábamos un gran recuerdo de las del año anterior, asediados por los medios que se instalaron de forma permanente en la puerta de esa casa y siendo objetivo de cualquier cámara allá donde íbamos, salvo cuando acudíamos a los hogares de amigos y familiares, donde nos sentíamos plenamente arropados. Decidimos probar suerte en Portugal, un poco a la aventura, y nos gustó tanto que repetiríamos los dos años siguientes. Mi hija Ana se sumó al plan en mitad de aquellas vacaciones y buscamos un lugar cerca de Lisboa para que ella pudiera conocer la ciudad. Antes de su llegada, Alicia y yo cogimos el coche y viajamos sin planes ni reservas por la costa alentejana. Fue así como descubrimos Porto Covo, un pequeño pueblo de pescadores, de calles adoquinadas y una bonita plaza de casas encaladas y carpintería pintada de azul, situado en medio del parque natural del sudoeste alentejano. Me llevé la causa de las tarjetas como lectura para esos días. Un plan que se hizo más llevadero gracias a aquellas playas kilométricas, con un litoral protegido por el parque natural, agua a diecinueve grados y cenas de *sapateira* y *vinho* verde. Y anonimato y tranquilidad. Era el plan perfecto. Mi meditación seguía siendo diaria. Me ayudaba mucho a serenarme y tranquilizarme en medio de tanta intensidad judicial, pero sentía que no avanzaba. Las clases de Ramiro Calle por internet no eran suficiente para mí en aquel momento. La serenidad, el silencio y la quietud son factores útiles, desde luego, pero percibía que había mucho más por descubrir en el viaje hacia el interior de uno mismo. Entonces todavía podía salir a correr como ejercicio para soltar tensiones, pero poco a poco empecé mi lenta evolución hacia las caminatas como alternativa.

A la vuelta de Portugal nos instalamos en Carabaña. Paseando por la finca, con el sonido del río de fondo constante y contemplando los árboles y la naturaleza, me parecía que en realidad poco o nada había cambiado, que todo seguía siendo como siempre. Un engaño inútil y al que uno se aferra en tiempos convulsos, por mucho que vivir en el presente sea desde luego la única realidad que tenemos. El aquí y el ahora eran los propios de finales de verano: el sol todavía fuerte pero menos agresivo, el agua, la luz atenuada por los árboles, las noches más frescas.

Para mí y los otros cuarenta y cinco acusados por el uso de las tarjetas de Caja Madrid, ese final del estío significaba también que había llegado el momento de la verdad, dos años después del tormentoso otoño de 2014, linchamiento mediático incluido. Empezaría entonces mi larga relación con la sede de la Audiencia Nacional de San Fernando de Henares, una localidad situada a unos veintiocho kilómetros de Madrid. Cada mañana acudía a esas dependencias en mi coche y entraba por la puerta principal entre los insultos de un espectador violento, que nos decían que había enviado el exjuez Elpidio José Silvia para que se metiera con Miguel Blesa y conmigo. Nunca pudimos comprobarlo. Elpidio Silva había encarcelado dos veces de forma preventiva a Blesa y, estando bajo su vigilancia y responsabilidad, se habían filtrado los correos de mi antecesor en Caja Madrid, en uno de los cuales había utilizado la expresión «tarjetas *black*», lo que acapararía la atención de los medios y acabaría dando nombre al caso. En esa ocasión, no funcionó la impunidad en la que habitualmente se mueven los funcionarios de la justicia. Blesa acusó al exjuez de haber decretado su encarcelamiento sin base legal alguna y Silva fue condenado a diecisiete años por prevaricación, pero por no detención ilegal. Era mucho esperar. La segunda condena hubiera llevado aparejada pena de cárcel, mientras que la primera solo la inhabilitación profesional.

Entre la documentación que había estudiado ese verano para prepararme para el juicio, había descubierto que estas tarjetas las había ideado el consejo de administración de la caja bajo la presidencia de Jaime Terceiro en 1988, cuando era presidente de la Comunidad de Madrid Joaquín Leguina. Desde entonces se habían utilizado de la misma manera y se habían contabilizado en la misma cuenta, correspondiente a los «gastos de consejo 1988». No resultaba muy difícil de localizar en la contabilidad de la entidad, pero durante todos los años transcurridos desde su creación ni el Banco de España ni la sempiterna Deloitte ni la vigilante Agencia Tributaria habían advertido ninguna irregularidad. Esta última tenía incluso informes, al menos dos, que hacían referencia al uso de las tarjetas por parte de los consejeros. Tampoco había llamado la atención de la Comunidad de Madrid, que era la Administración responsable de supervisar a la entidad y que reiteradamente había colocado a algunos de sus funcionarios en la Comisión de Control de la Caja, con el consiguiente uso de esas tarjetas por ellos mismos. Hasta una presidenta de la Comunidad había sido consejera de Caja Madrid y había disfrutado de la correspondiente tarjeta. Datos todos ellos que indicaban la falsedad del informe encargado por Bankia, donde se afirmaba que las tarjetas se contabilizaban de forma oculta para Hacienda y que eran desconocidas por la entidad salvo para los usuarios de las mismas.

En esas lecturas veraniegas también descubrí que no existían recibos de las distintas disposiciones que se habían efectuado con ellas. No se sabía, pues, cuál era la cuantía exacta gastada con cada tarjeta, ni en qué exactamente. La hoja de Excel que recogía los supuestos gastos hechos con las mismas había sido elaborada por Bankia según sus presunciones y nunca había sido autentificada. Habida cuenta de que Bankia era la acusación en el caso, las pruebas elaboradas por la entidad no podían ser consideradas imparciales, o al menos eso sería lo esperado en un sumario normal.

Pero ahí no acababa todo. Las tarjetas eran un documento privado cuyos registros deberían haber sido destruidos al término del ejercicio correspondiente, un requisito que estaba claro que Bankia no había cumplido. Cualquiera podría pensar que la entrega de estos registros sin autorización previa de sus propietarios, los usuarios de las tarjetas, ni un mandato judicial que lo ordenase violentaban nuestro derecho a la intimidad, tan celosamente custodiado por la Agencia de Protección de Datos. Pero en aquellos días la acusación no estaba para lindezas formales. Demasiada tinta había corrido sobre nuestros supuestos abusos como para decir ahora que se habían pasado de frenada.

Caja Madrid, la perjudicada real, entonces presidida por quien acabaría siendo ministro de Cultura, José Guirao, no había querido personarse en la causa después de realizar varios peritajes jurídicos. Los gastos de administración de Caja Madrid no habían pasado al balance de las cajas fusionadas que darían lugar a Bankia. Varios de los acusados utilizaron el turno de cuestiones previas para plantear precisamente ese tema. El tribunal, compuesto por dos mujeres y un hombre, no estaba dispuesto a entrar en esas discusiones. Sería el mismo tribunal que juzgaría el caso Bankia.

Mi abogado no era partidario de entrar a plantear esas cuestiones previas, a las que no concedía demasiada utilidad. Así que me estrené en el juicio con mi declaración ante Alejandro Luzón, un fiscal largamente conocido que ya había filtrado a los medios que a él no le gustaba perder. Una de las exconsejeras de Caja Madrid me confesaría después que, cuando vio el lenguaje corporal del tribunal y la Fiscalía, llegó a la conclusión de que estábamos condenados. Los demás acusados, menos atentos a esas percepciones, fuimos ganando confianza a lo largo de la vista hasta el punto de que creíamos haber desmontado los argumentos de la acusación. ¡Qué ingenuos!

Cuando te interroga un fiscal puedes optar por hacerte el bueno o por ser respondón. A mí me salía de natural lo segundo. No sé si fue acertado, aunque en Bankia estuve todavía más contundente. Una vez perdí y otra gané, lo cual no creo que permita llegar a ninguna conclusión. Puede pensarse que en una causa tenía razón y en la otra no. Las tarjetas existieron: yo usé una. Se trataba de demostrar que su uso correspondía o no al tipo penal de la apropiación indebida, que era de lo que nos acusaban. La Audiencia Nacional y el Tribunal Supremo decidieron, sin dejar lugar a dudas, que el uso que habíamos hecho de las tarjetas coincidía con el tipo penal. Yo creía tener un as en la manga, que también tenían otros muchos: había devuelto todo el dinero utilizado con la tarjeta, es decir, había reparado el daño causado. Y no solo eso, sino que en mi condición de responsable de la entidad tuve que ser consecuente con los gastos de aquellos que no habían restituido su parte, es decir, devolver en su nombre las cuantías imputadas. Una atenuante importante y casi automática de la pena que se aplicó a todos los consejeros menos a mí. El ponente del Supremo afirmó que «yo tenía bienes suficientes para pagar por todos», pese a que él bien sabía que lo más que pude hacer fue aportar un aval bancario por esos gastos no restituidos, que es lo que me había demandado el juez instructor Fernando Andreu. Antes de que se presentara la acusación e incluso antes de que comenzara la instrucción del caso, había devuelto la totalidad del dinero que gasté con la tarjeta. Si se hubiera aplicado esa atenuante a la pena que me impuso el tribunal, yo no habría entrado en la cárcel. Así de simple. Pero parecía que el objetivo era precisamente el contrario.

En mi declaración ante el fiscal puse de manifiesto que mi tarjeta estaba respaldada por mi contrato, que incluía como remuneración «cualquier beneficio que reciba el Comité de Dirección». Las tarjetas entregadas a los miembros del Comité de Dirección —no confundir con el consejo de administración— fueron concedidas por el presidente de Caja Madrid en 1999. De ellas, al menos una había sido reconocida específicamente en un contrato y otra en un finiquito firmado por el equipo de Bankia que me sucedió al frente de la entidad. Nadie discutió que el presidente tenía potestad para darlas. Cuando lo declaré en el juicio, Luzón se hizo el sorprendido. ¡Menuda cara! En cambio, no dudó en llamarnos «depredadores», buscando y consiguiendo el titular en los medios.

La mayoría de los acusados, yo incluido, solo respondimos a preguntas del fiscal y a las de nuestros respectivos abogados. Una vez que hice mi declaración, muy al principio del juicio, en noviembre de 2016, pensé que ya no habría razones para que tuviera que acudir a la Audiencia en San Fernando. Sin embargo, la asistencia de los acusados era obligatoria, por lo que hasta allí tuve que desplazarme todos los días en los que se celebrara el juicio durante los siguientes cinco meses. En el proceso por la salida a bolsa de Bankia, que se celebraría tres años más tarde en esa misma sede, la asistencia de los acusados había pasado de ser una obligación a ser un derecho, gracias a la intervención de la Unión Europea, que es desgraciadamente la única fuente de derechos individuales a nivel penal en la España actual.

En los recesos del juicio por las tarjetas en San Fernando, los acusados comíamos por grupos en restaurantes del polígono industrial. Nadie nos hacía ni caso, salvo el famoso espectador que lanzaba violentamente insultos contra algunos de nosotros cada mañana, lo que daba a las televisiones una imagen que emitir. Cuando compartes un problema con varias personas, al principio crea recelos en el grupo, pero al final surge el compañerismo. El juicio por las tarjetas de Caja Madrid se celebraba en el piso de arriba del edificio de la Audiencia Nacional en San Fernando y, casi a la vez, en el de abajo se celebraba el juicio del caso Gürtel, con algunos de cuyos acusados coincidiría después en la prisión de Soto del Real.

Cuando acabó el turno de las declaraciones de los acusados, empezaron las de los testigos y la presentación de las pruebas periciales. La historia parecía nítida a nuestros ojos: podía tratarse de una chapuza pero, desde luego, no era en absoluto un sistema de retribución opaco a Hacienda. Los abogados particulares de la acusación cambiaron muy hábilmente el enfoque del caso antes de empezar el juicio, poniendo el acento en si se había faltado a la verdad en la memoria del consejo. Los cambios legislativos introducidos en los últimos años exigían que la memoria de las sociedades hiciera referencia a los sistemas de remuneración de los consejos, y el primer año afectado por estos cambios era 2011. En el caso de Caja Madrid, la memoria correspondiente a ese ejercicio no recogía la existencia de las tarjetas, pero nunca llegó a aprobarse definitivamente, ya que con la nacionalización de la entidad en mayo de 2012 la tarea quedó a medias. Si no había una memoria contable aprobada al respecto, no podía haber falsedad. Además, la principal prueba pericial descansaba en una hoja de Excel llena de irregularidades, de la que no había recibos y, por lo tanto, tampoco un montante concreto de gasto por tarjeta. Ni siquiera se habían reclamado las cantidades por parte de Bankia, requisito básico para que hubiera apropiación indebida, aunque estaba en duda que la entidad fuera el legítimo acreedor de esas cantidades, dado que los gastos del Consejo de Caja Madrid no pasaron al balance de la entidad fusionada. Era, cuando menos, un caso de libro para aplicar el viejo principio romano «in dubio pro reo» (principio jurídico básico en el derecho penal que expresa la obligatoriedad de favorecer al acusado de un delito cuando las pruebas no son suficientes para demostrar su culpabilidad). Más bien se aplicó el refrán que luego conocería en la cárcel de «en el reo, me meo», muy ordinario pero que recoge perfectamente la rabia que provocan entre quienes las sufren determinadas argumentaciones judiciales.

La sentencia se dictó con inusitada rapidez. La vista oral del juicio terminó en febrero de 2017 y en marzo se publicó la sentencia, el mismo día que se hizo pública la sentencia sobre Iñaki Urdangarin. Todos fuimos condenados, sin discusión. Fue un mazazo. «El Tribunal Supremo es otra cosa, menos influenciable por la opinión pública», nos dijeron nuestros abogados. Casi todos, menos tres, presentamos recurso ante el Supremo, confiando en obtener mayor imparcialidad.

En esas fechas, se hizo público que Bankia tenía intención de devolver el capital sobrante a sus accionistas. También se conoció que el FROB había autorizado la colocación de un 7 % del capital de Bankia, por debajo del valor en libros, en una colocación restringida. Increíble, ¿quiénes serían los elegidos y por qué?

La celebración del pleito de las tarjetas no dejaba en suspenso mis otros asuntos judiciales, lo que me obligaba a dedicarles muchas horas al día y casi al completo los fines de semana. En el escenario de Bankia, después de las favorables pruebas testificales presentadas en el verano de 2014 y de la escandalosa prueba pericial que presentamos en diciembre del mismo año, la batalla estaba en la presencia del Banco de España en el juicio, que el juez instructor, Fernando Andreu, rechazaba. El FROB, en las alegaciones que presentó en febrero de 2015 contra el informe de los peritos, había dejado claro que su posición se basaba en notas técnicas elaboradas por el propio Banco de España. Andreu se había propuesto ignorar al regulador y llegó a prohibir a los abogados defensores hacer referencia a cualquier opinión de la entidad relacionada con el caso en sus preguntas a los peritos.

Sin embargo, Alejandro Luzón utilizaba constantemente los argumentos del FROB, y por tanto del Banco de España, en su interrogatorio a los peritos. Se puso de relieve que el primer informe pericial tenía graves errores materiales, sobre remuneraciones y otros aspectos, lo que apuntaba a la necesidad de un nuevo informe. Mi abogado Ignacio Ayala y yo queríamos incluir en el sumario las notas del Banco de España sobre ese primer informe pericial. Se nos ocurrió que la Ley de Transparencia, que obliga a la Administración pública a entregar la documentación que solicitan los ciudadanos, debería permitirnos acceder a esos partes. De forma que, amparándonos en esa ley, pedimos al regulador que nos remitiera los informes que se habían elaborado para el FROB. Pero alguna especie de mano negra nos impidió acceder a dicha documentación.

Por lo que respecta a mi causa personal, que se dirimía en el Juzgado 31, la ONIF luchaba por impedir la validez de nuestra prueba pericial, que habíamos presentado en marzo de 2016 bajo el argumento de que los informes bancarios presentados eran fotocopias, aunque estuvieran numerados y tuvieran el correspondiente membrete de los bancos. Acabamos por conseguir los documentos originales. En ese momento, la ONIF empezó progresivamente a ir dando marcha atrás en sus posiciones hasta llegar a aceptar, ya en 2018, que mi supuesta evasión de divisas era inexistente. Cero. Finalmente, el juez Serrano Arnal hizo comparecer a los peritos de la ONIF en mayo de 2017. Como he mencionado con anterioridad, fue en esa primera comparecencia ante el juez cuando dichos peritos reconocieron que ellos solo habían tenido en cuenta los hechos que beneficiaban a Hacienda, es decir, a la acusación. Demostración palmaria de su parcialidad, como autores de la «denuncia temprana» que había dado origen a todo el caso. Pero digamos que a Serrano Arnal le entró por un oído y le salió por el otro. Tampoco importó que la ONIF no entregara su informe definitivo hasta 2020, desde luego sin ninguna consecuencia para ellos. Total impunidad.

Es más, en junio de 2017, la fiscal Elena Lorente pidió al juez ampliar la instrucción otros dieciocho meses y la petición le fue concedida. No parecía haber argumentos para continuar el caso y había que encontrar algo para mantener la acusación. En esos meses la fiscal no propuso ninguna iniciativa nueva en la instrucción y al acabar el plazo, en diciembre de 2018, volvió a pedir otra ampliación de dieciocho meses más. El juez Serrano Arnal volvió a concedérselos. Recurrimos ambas ampliaciones a la Audiencia Provincial, que no nos dio la razón, aunque sí urgió al instructor a no utilizar la totalidad de la segunda ampliación. No le hicieron caso. La segunda ampliación se vio además afectada por las medidas de confinamiento adoptadas como consecuencia de la covid-19. Fue entonces cuando la fiscal Elena Lorente cambió el objeto de la acusación. Hasta el juez Serrano Arnal se opuso, pero la Audiencia se lo permitió. Sería, por tanto, juzgado por hechos sobre los que no había prestado declaración y que no habían sido, hasta ese momento, objeto de la instrucción.

En abril de 2017, la UCO entregó el informe que el juez Serrano Arnal les había encargado en junio de 2015. Sin embargo, el informe entregado no se refería a mi posible blanqueo de divisas en el extranjero, que era lo que les había pedido Serrano Arnal con indicaciones incluso de que se «utilizaran todos los medios necesarios» para probar ese supuesto blanqueo. El informe que presenta finalmente la UCO hablaba de las privatizaciones realizadas por el Gobierno cuando yo era vicepresidente, en 1998. Informe filtrado previamente, como venía sucediendo desde el principio de la causa, a Carlos Segovia, de *El Mundo*. Nosotros rechazamos el informe, que no afectaba en nada al caso, y acusamos a la UCO de hacer una investigación prospectiva, fuera del objeto de la causa que no olvidemos que había dado lugar a la entrada de los agentes de Aduana en mi casa y en mi despacho. El instructor nos acabó dando la razón. La fiscal Lorente recurrió la decisión del juez ante la Audiencia Provincial, lo que únicamente permitió que se investigaran dos sociedades mías. Fue entonces cuando Serrano Arnal preguntó a la UCO si tenían algo que añadir respecto a esas sociedades y el supuesto blanqueo de divisas. Los agentes dijeron que se remitían a lo que dijera la ONIF, que no decía ni nunca dijo nada sobre este asunto. Pero para entonces ya llevábamos tres años de sumario.

Al final serían un total de siete años de instrucción, que se dio por concluida en junio de 2022 y a la que no se había aportado nada nuevo desde 2017. Nada más lento que buscar lo que no existe cuando no se asumen responsabilidades ni consecuencias. La ley dicta que entre el inicio de la instrucción de un caso —en el mío, 2015— y el momento en que se dicta la sentencia del juicio oral no pueden haber transcurrido más de ocho años; en caso contrario se considera que son dilaciones indebidas que deben quedar reflejadas en la sentencia. Sorprendentemente, la legislación española no tiene en consideración que se produzcan esas dilaciones más allá de los ocho años, que es lo que va a acabar sucediendo en mi caso. A efectos de dilaciones indebidas, da igual ocho años que doce. Los españoles, según reflejan distintas encuestas, piensan que la justicia es lenta, pero las reglas procedimentales no incentivan a hacer nada para mejorarlo. Nunca hay consecuencias para los funcionarios de la justicia.

A mediados de noviembre de 2016, tuve una reunión con Mariano, un antiguo colaborador de mi hermano en temas de radio, al que la sociedad familiar le debía dinero. Yo no estaba en condiciones de solucionar el problema, pero seguíamos reuniéndonos y hablando un poco de todo y aquel día acabamos charlando sobre la meditación. Mariano llevaba a sus espaldas años de práctica y estudio con distintos maestros y enfoques. Estaba en contacto con un grupo de la Universidad Complutense que investigaba los efectos de la meditación sobre el funcionamiento del cerebro. Me animó a acompañarle a una conferencia de Alan Wallace en la Facultad de Ciencias de la Información.

De esa conferencia salió un plan para hacer un retiro de meditación en el monasterio budista Paramita en Pedreguer, Alicante, que impartía el propio Wallace. Se trataba de estar siete días en silencio, de los que yo solo podía quedarme cinco. Genio y figura. Pero lo que viví y aprendí aquellos días me impactó. Empecé a ver en la meditación algo más allá de la respiración y la serenidad: el amor compasivo con uno mismo y los demás. Repetí varios retiros a lo largo de los años, algunos con Alicia y con mi hermana, hasta que alguien se lo dijo a la prensa y empecé a ser un incordio para los participantes en dichas actividades. Fue allí donde conocí al Lama Rinchen, mi maestro en los últimos cinco años y de quien he recibido grandes enseñanzas, ahora por internet. Con Mariano seguí meditando hasta que entré en la cárcel, en octubre de 2018. Entonces me dio un gran consejo: «Este es el mejor sitio en el que puedes estar ahora». No lo olvidé entonces y espero no hacerlo nunca. Repetir los mantras es la manera de tenerlos presentes en tu vida.

Mientras tanto, en política esos años supusieron el principio del declive de Mariano Rajoy y de su proyecto de Gobierno. Ya el 1 de agosto de 2014, cuando —con la esperanza de que en medio de las vacaciones pasara desapercibido— celebró un pleno en el Congreso de los Diputados para explicar su relación con Luis Bárcenas, el que fuera tesorero del Partido Popular durante años, empezó la cuenta atrás y su búsqueda desesperada de chivos expiatorios. En las elecciones generales de diciembre de 2015 —menuda fecha para convocarlas—, su caída en votos y en escaños indica el agotamiento de su proyecto. Su habilísima jugada de no aceptar el encargo del rey para formar Gobierno, unida a la torpe intentona de conformar una mayoría por parte del PSOE, Ciudadanos y Podemos, llevó a celebrar unas nuevas elecciones en junio de 2016, tres días después del Brexit. El susto de ver a Podemos como futura cabeza de Gobierno más la caída de las bolsas, le dieron a Rajoy unos pocos escaños más. Al no aceptar el encargo formal del rey no corrían los plazos para formar Gobierno, por lo que, mientras tanto, Rajoy seguía sentado en La Moncloa sin ninguna responsabilidad política. En otoño, con la ayuda del líder de Ciudadanos, Albert Rivera, con la nariz tapada y de un PSOE sin Pedro Sánchez por fin se formó un Gobierno en minoría, con Rajoy de presidente. Pocos meses más tarde, el fiasco catalán y la pobreza de su reacción le llevaron a perder la moción de censura. Para entonces, ya estábamos en junio de 2018.

CAPÍTULO 12

> Ni el hombre más bravo puede luchar más allá de lo que le permiten sus fuerzas.
>
> HOMERO

Las evidencias de que se me estaba practicando una investigación prospectiva crecían por momentos. A mí y a cualquiera que tuviera una relación conmigo. Por aquellas fechas, un coronel de la UCO que me había interrogado a mí dos años antes visitó a una secretaria de Estado del Ministerio de Industria para pedir un expediente sobre un concurso de publicidad por el que supuestamente yo me había interesado. Algo que nada tenía que ver, bajo ningún punto de vista, con la causa abierta contra mí. El propio ministro, José Manuel Soria, se enteró de que la secretaria de Estado estaba siendo investigada por ello y así se lo hizo saber. Por si no fuera suficiente, al marido de la secretaria de Estado, diputado del PP, el ministro de Hacienda, y por tanto responsable último de la Agencia Tributaria y de la ONIF, le dejó meridianamente claro que conocía sus declaraciones de renta. «Te hemos investigado y lo tienes todo bien», le espetó Cristóbal Montoro en el Congreso de los Diputados. También investigaron a mi mujer y lo peor es que una de las responsables de la Agencia lo iba contando públicamente. «Hemos buscado a ver si ella [Alicia] tenía algo, pero no hemos encontrado nada», soltó en una cena sin saber que allí había algunos buenos amigos nuestros.

Lo cierto es que, desde su llegada al ministerio, Montoro había emprendido una dudosa senda, rayana en algunos casos en la ilegalidad, al airear datos fiscales de determinados individuos o amenazar a colectivos como los medios de comunicación, deportistas y actores e incluso rivales políticos con la información que obra en manos de la Agencia Tributaria. Fueron numerosas las sesiones de control en el Congreso en las que soltaba esas amenazas, que al día siguiente aparecían filtradas en algún medio. No olvidemos que fue el ministro de Justicia, Rafael Catalá, el que confirmó la información de que yo me había acogido a la amnistía fiscal, pese a que la ley establece el carácter reservado de los datos fiscales, así como el deber de sigilo, lo que significa que, aunque los datos salgan publicados, las autoridades no deben referirse a ellos. «¡Joder, qué tropa!», como diría el conde de Romanones.

En el final de la primavera de 2017, el juez Serrano Arnal llamó por fin a los peritos judiciales, un año después de la presentación de mi prueba pericial realizada por Carlos Neira, una prueba que nos llevó doce meses de lucha para que fuera aceptada por el juez. Nada resultaba fácil. En su comparecencia, Luis Agustín Terán e Ignacio García Villanueva, los peritos judiciales, reconocieron a preguntas del juez que ellos «solo tenían en cuenta los hechos que respaldaban las tesis de la Agencia Tributaria». Y lo dijeron sin inmutarse. No pasó nada.

Antes de que los juzgados cerraran por vacaciones, presentamos el recurso de casación ante el Tribunal Supremo. Varios acusados por el uso de las tarjetas, que también habían recurrido la sentencia, me felicitaron por el escrito. El autor era desde luego mi abogado, quien seguía convencido de que obtendríamos lo que denominó una «sentencia capón» y que, en todo caso, el Supremo tendría en cuenta mi total reparación del daño, incluso antes del comienzo de la instrucción, lo que rebajaría sensiblemente la pena. Vanas esperanzas. Los abogados y yo estábamos en aquellas fechas en plena batalla con MAPFRE para que se hiciera cargo de los gastos de defensa en base a los seguros suscritos con Caja Madrid y Bankia. También vano intento, habríamos de meternos en una batalla legal contra MAPFRE que dura años.

Ese verano Alicia y yo volvimos a Portugal, a una zona muy tranquila cercana a Cascais, por encima de la desembocadura del río Tajo y con el agua del mar bastante más fría, pero todo lo demás igual de delicioso. Vinieron a pasar unos días con nosotros, por turnos, mi hijo Rodrigo y mis suegros. De vacaciones o no, Alicia lo primero que hacía —y hace— al despertarse era mirar las noticias, primero por si había alguna que nos afectaba, y luego por su curiosidad profesional. Fue así como se enteró de la muerte de Miguel Blesa, que no sabía cómo contarme. Nos quedamos paralizados toda la mañana. Un cretino escribió que su muerte se debía a que no le reservaban ya mesa en los restaurantes. No hubo ni una sola palabra de reconocimiento de tantos estómagos *fartucos*, como decimos en Asturias. Llamé a María José, su primera mujer, que era a la que conocía, y le di recuerdos para su hija. Resultaba todo muy injusto y duro. Un sistema que devora y destruye a las personas sin que a ellos les pase nada. Con unos y con otros. Era un claro mensaje, además, de que Miguel anticipaba que el Tribunal Supremo ratificaría la sentencia de la Audiencia Nacional sobre las tarjetas.

Yo seguía meditando y cada semana escribía un artículo para *Intereconomía*, una columna sobre economía internacional que llamé «Calle 19», en alusión a la dirección donde se ubica la sede del FMI en Washington. El Gobierno del PP consiguió pactar sus primeros presupuestos desde 2015, con el apoyo de Ciudadanos y el PNV, y que —cosas de la política en forma de una moción de censura— acabaría ejecutando Pedro Sánchez. La economía española iba perdiendo impulso, pero la financiación del BCE dotaba al sector público y al privado de un amplio colchón. El desempleo caía, la tasa de paro se acercaba al 15 %, todavía lejos del 8 % registrado en 2007, y aún faltaban dos años para recuperar el nivel de renta previo a la crisis financiera.

A la vuelta del verano, toda la actualidad estaba copada por la declaración de independencia de Cataluña, la intervención del rey Felipe VI ante el silencio de Rajoy y la aplicación del artículo 155 de la Constitución durante dos meses, sin que ello sirviera para desmontar el entramado separatista. En diciembre hubo elecciones en Cataluña, que ganó con mayoría relativa Esquerra Republicana de Catalunya (ERC) y los herederos de Convergència, Junts per Catalunya, que se apoyaron en Podemos y la CUP para gobernar. Como resultado, se formó el Ejecutivo más a la izquierda de Europa para satisfacer los anhelos de la burguesía de la región más próspera de España. Todo ello dejó al PP extenuado, con claras señales de que había llegado la hora del cambio. En mayo ese cambio llegó.

Antes de que terminara el año, el Congreso de los Diputados me citó para comparecer ante la comisión que investigaba las causas de la crisis financiera y del modelo de las cajas de ahorros. Pensé que era una oportunidad para hablar en público del caso Bankia, que hasta entonces solo contaba con el relato del rescate de Luis de Guindos, forzado por un supuesto agujero y salvado por Goirigolzarri. Bankia iba mal, ganaba poco dinero, se situaba en cifras de negocio cercanas a las del Banco Sabadell e incluso a Bankinter, que tenían un balance muy inferior. Un comportamiento que resultaba llamativo, ya que a Goirigolzarri le habían dado todo el capital que había pedido e incluso más. En febrero de 2017 habían hecho una «colocación privada» de acciones, es decir, a dedo, por debajo del valor en libros. Difícil de entender que el FROB autorizara la operación, sobre todo cuando Bankia anunciaba al mismo tiempo que iba a repartir parte del capital que le sobraba, un chollo para los elegidos en esa «colocación privada», básicamente fondos internacionales. Entre medias, Bankia aceptaba absorber el Banco Mare Nostrum, entidad en la que casualmente De Guindos había presidido el comité de auditoría, y que iba de mal en peor. Así que la influencia de Goirigolzarri en el Gobierno seguía subiendo y su imagen en los medios era excelente. En este entorno empecé a preparar mi intervención ante la comisión parlamentaria.

La verdad es que yo había estado en tres sitios clave para hablar de la crisis económica y financiera, antes y durante su gestación. Por un lado, la vicepresidencia económica del Gobierno entre 1996 y 2004, la dirección del Fondo Monetario Internacional, entre 2004 y 2008, y la presidencia de Caja Madrid y Bankia entre 2010 y 2012. La izquierda había acuñado un mantra que ligaba el exceso de construcción de vivienda con la ley de liberalización del suelo de 1997. El alcance de la ley se vio muy limitado por el Tribunal Constitucional, que hizo recaer sobre las comunidades autónomas la capacidad para la ordenación urbanística, situándola por encima de la responsabilidad del Estado en la ordenación de la economía. Alguien debería estudiar la responsabilidad del Constitucional en la ruptura del mercado en España. Pero ese alguien no iba a ser yo.

Ese mantra choca con la constatación empírica de que el aumento de las ventas de un bien como la vivienda no está ligado un exceso de oferta, sino a la demanda de la población. Además, atribuir a una norma de 1997, limitada en su alcance, el exceso de demanda de vivienda entre 2005 y 2007 era bastante ridículo. Pero a alguien había que echarle la culpa.

Expliqué ante la Comisión del Congreso que, con el objetivo de frenar la escalada del crédito que se disparó como consecuencia de la caída de los tipos de interés al entrar en el euro, impusimos en el año 2000 a las entidades financieras un aumento de provisiones de su capital, de forma que tuvieran un colchón si la coyuntura cambiaba. Realmente fuimos pioneros con aquella medida, quizás demasiado, porque ni la OCDE ni la Comisión Europea nos respaldaron en aquel momento e incluso nos acusaron de distorsionar la contabilidad de las entidades bancarias con un exceso de provisiones. Después de la crisis financiera el dogma cambió radicalmente y giró en esa dirección y las autoridades europeas pasaron a exigir un porcentaje aún mayor de provisiones sobre el capital de los bancos. No se entiende que Joaquín Almunia, entonces vicepresidente de la Comisión Europea, y Pedro Solbes, como vicepresidente económico en España, cambiaran esas reglas en 2005. Como consecuencia de esa decisión, el crédito interno se disparó y se dobló en términos nominales en los años siguientes. El déficit exterior equivalía en 2008 al 9 % del PIB, el mayor de la OCDE. En su comparecencia ante la comisión parlamentaria, el propio Solbes vino en mi ayuda al admitir que ellos no habían «hecho ninguna reforma» en ese tema.

Por lo que afectaba al FMI, su papel en la crisis financiera había sido más crítico. No había anticipado las consecuencias del exceso de crédito y de la desregulación en Estados Unidos y en Europa. El dominio de las teorías económicas estadounidenses, en general, con un personal que proviene en su mayoría de universidades anglosajonas, y el respeto reverencial a la Reserva Federal de Estados Unidos y al Banco de Inglaterra cegaron nuestro análisis y abonó nuestro error. El único descargo en nuestro favor era que los bancos centrales en bloque habían dado por bueno el funcionamiento de los mercados financieros para reflejar la realidad del riesgo. Justo lo que no sucedió. Mencioné en mi intervención ante el Parlamento el dato que deberíamos haber interpretado correctamente, que fue la inversión de la curva —los tipos a corto plazo más altos que los tipos a largo plazo— en 2006, un comportamiento que volvía a pasar en aquellos meses de 2018.

Con todo, el grueso de mi intervención se centró en mi experiencia como presidente de Caja Madrid y Bankia, entre 2010 y 2012. La historia oficial es que Bankia, en particular, y las cajas, en general, llevaban años quebradas, que su gestión había sido totalmente politizada y que Bankia tenía un agujero de 22.000 millones de euros antes de salir a bolsa. Yo pretendía contar en el Congreso mi versión de esos años; recordé a sus señorías que el Congreso, al no introducir cambios en la ley de cajas, había mantenido a la mitad del sistema financiero español, que estas representaban, sin capacidad para capitalizarse en los mercados, pese a las advertencias, entre otros, del FMI en 2005; que las cajas en su larga historia habían facilitado el acceso al crédito a familias y pequeñas empresas; que su obra social conjunta era la segunda mayor del mundo después de la Fundación Gates; que su nivel de morosidad en 2011 era igual a la de los bancos. No se podía ignorar toda esa labor de un plumazo y con un argumento simplista.

Respecto a Caja Madrid-Bankia destaqué en mi intervención que su nacionalización había sido decidida por el ministro de Economía junto con los tres principales competidores de la entidad, que resultaron ser los mayores beneficiarios de la fuga de depósitos; que quince días antes de la intervención habíamos superado las demandas de provisiones exigidas por el Banco de España; que en el Senado, dos semanas después de mi cese, el todavía gobernador del Banco de España declaró que el Gobierno «le exigía silencio sobre el tema», mientras en el Congreso De Guindos afirmaba que «le daría a los nuevos gestores lo que pidieran»; que fue la nueva dirección de Bankia y no el Banco de España quien había fijado la necesidades de la entidad en 19.000 millones de euros; que de hecho le dieron al menos 2.700 millones de euros adicionales al contabilizar dos veces la misma cantidad por los créditos fiscales; que en 2017 la nueva dirección de Bankia, con la autorización del FROB, había llevado a cabo una colocación a dedo por debajo del valor en libros para anunciar después que iba a devolver a los accionistas al menos 2.500 millones de exceso de capital, pues eran el banco más capitalizado de España. Y que de todo eso sus señorías no podían hacerme responsable, sino que tenían que pedirles cuentas a los nuevos gestores y al Gobierno.

Yo buscaba presentar en el Congreso una versión alternativa al relato oficial del agujero que parecía darse por bueno, también con la vista puesta en el inicio del juicio oral por el caso Bankia que debía empezar a lo largo del siguiente año. Por eso hablé a los diputados del escrito de acusación de la Fiscalía Anticorrupción y del FROB de que las cuentas reformuladas por Goirigolzarri eran ilegales, al fundarse en hechos de 2012 que no podían imputarse a 2011 y que suponían que las cuentas de 2011 aprobadas por la Junta General presidida por el FROB eran falsas.

Llevaba mucho tiempo callado y aproveché mi comparecencia para desquitarme en aquella comisión. La presidenta, Ana Oramas, me dejó intervenir sin cortapisas y a los parlamentarios, también. Sabía por mi experiencia parlamentaria que el que cierra el debate lo gana y, recordando aquellos tiempos, lo disfruté. Yo pude exponer todos los argumentos y datos que llevaba conmigo, pero a los grupos parlamentarios las causas de la burbuja inmobiliaria, el papel del FMI en la crisis o la historia de Bankia les traían sin cuidado. Salvo los nacionalistas del PNV y de Convergència, los diputados allí presentes lo que querían con aquella comparecencia retransmitida en directo por televisión era insultarme, llamarme ladrón y desearme que acabara en la cárcel, como hizo el entonces diputado de Izquierda Unida Alberto Garzón. Fue una experiencia similar a la que tuve en 2013 en el Parlament de Catalunya, donde el diputado de la CUP David

Fernández me amenazó con una sandalia durante mi comparecencia. Pese a todo, el grupo más delicado para mí era el Popular, que había sido el mío. En su primera intervención los diputados pasaron casi de puntillas, pero en la segunda me acusaron de haberles traicionado. Había previsto esa posibilidad y les respondí con muchos de los argumentos que he venido desgranando en estas páginas. Al verme tan suelto, un parlamentario popular les dijo a los periodistas al término de la comisión que cuando el Tribunal Supremo nos condenara por el uso de las tarjetas ya se me bajarían los humos.

José Ignacio Goirigolzarri acudió a la comisión unos meses después, ignorando lo que yo había dicho, pero destapando que las ayudas a la entidad no habían llegado hasta mayo de 2013, un año después de la nacionalización. La intervención de Bankia en mayo de 2012 no debía ser tan urgente si la entidad pudo estar un año sin recibir las ayudas que el Gobierno le había concedido por su supuesto agujero.

Durante los meses siguientes, empezaron a llegarme recados de que iba a entrar en la cárcel por el caso de las tarjetas. «El Supremo quiere dar un escarmiento», era la tesis, según me dijeron. El expresidente de Baleares, Jaume Matas, vino a comer a casa en mayo de 2018 para decirnos a Alicia y a mí que en su opinión era cosa hecha que iría a prisión y que debíamos estar preparados. Un buen amigo nos llevó a comer a un gran restaurante de Madrid para trasladarnos el mismo mensaje: teníamos que estar preparados para mi entrada en prisión. Pese al impacto que nos causaban, no acabábamos de creer que eso fuera a pasar, nunca te resignas a lo peor. Ese verano hicimos una escapada a Portugal para quitarnos de en medio y disfrutar del anonimato. Tuvimos que volver antes de lo previsto porque el juez del

31 me citaba a declarar sobre blanqueo, una incongruencia, porque —como le dije en aquel momento— si no había delitos fiscales no podía haber blanqueo. Por primera vez hice declaraciones a los medios a la salida del Juzgado 31 con algo que me parecía obvio. Nos fuimos a Carabaña a pasar el resto del verano. Me decía a mí mismo que era otro verano que podía disfrutar allí, pero también otro en el que todo iba a peor. No volvería a pisar esa casa en dos años. A finales de verano estaba meridianamente claro que se buscaba mi foto entrando en la cárcel.

CAPÍTULO 13

Antes o después todos asistimos a un banquete de consecuencias.

Robert Louis Stevenson

Aquel 3 de octubre, pasado el mediodía, estaba visitando a un amigo que se recuperaba de una convalecencia en el hospital cuando escuché la noticia de que el Tribunal Supremo ratificaba en su integridad la sentencia sobre las tarjetas de la Audiencia Nacional. En mi caso, se confirmaba la pena de cuatro años y seis meses de prisión y descartaba atenuar la pena por haber reparado el daño causado, pese a que ambas sentencias recogían que había devuelto todo lo exigido y que incluso había depositado un aval bancario por la cantidad dispuesta por todos los demás que no habían reembolsado sus gastos. Tanto la Audiencia Nacional como el Supremo me consideraban responsable solidario de lo que gastaron los demás acusados durante mi presidencia, pero ignoraban el aval que estaba en la causa y en todos mis escritos de defensa. A todos los demás, un total de 65 condenados, se les aplicó la atenuante de reparación del daño causado. Eso sirvió para que yo entrara en la cárcel, con la consiguiente foto en todas las portadas. Misión cumplida. El ponente del Tribunal Supremo, Miguel Colmenero, decía literalmente en su escrito que «las circunstancias personales del recurrente permiten considerar que su esfuerzo reparador merece una consideración mayor». Vamos que, según él, tenía recursos y podía afrontarlo, derecho penal de autor creo que se llama. Se supone que no es admisible. Como me dijo en Soto del Real meses después un funcionario de la prisión, en presencia de otras personas: «Está claro que te has equivocado de partido». Me marché a casa nada más escuchar la noticia de la ratificación del Supremo. Al llegar me senté a meditar unos diez minutos; sí había cambiado algo en mi manera de ser.

La Sala nos dio tres semanas para entrar en la cárcel. Era poco tiempo para dejar mis cuestiones personales arregladas, solucionar los poderes ante notario y tomar las decisiones que exigía ese cambio de situación. Entre esas cuestiones, debía escoger un abogado penitenciario y la prisión en la que iba a cumplir sentencia. Para ello, hablé con antiguos reclusos, incluso con algunos que no conocía de nada. La distancia jugaba un papel importante para tomar la decisión con el fin de facilitar las visitas de la familia. Desde el principio la lista quedó reducida a los centros de Aranjuez y Soto del Real, donde conocía a personas que cumplían condena. Elegí este último centro, pese a que sus juntas de calificación, de quienes iban a depender mis permisos y mis cambios de grado a partir de entonces, eran conocidas por su poca generosidad. Pero yo estaba convencido de que eso dependería del Gobierno y de la Dirección General de Instituciones Penitenciarias. En cuanto al abogado, tuve varias recomendaciones. Especialmente una, Mónica Balibrea, una abogada experta en derecho penal y penitenciario que tenía un despacho en la calle Velázquez, encima de la pastelería Mallorca. La visité tres veces, una de ellas con Alicia, que iba a ser quien iba a tener que tratar con mis abogados cuando yo entrara en prisión. En la última de esas entrevistas me llevó a visitar a José Luis de Castro, magistrado del Juzgado de Menores y de Vigilancia Penitenciaria, con quien presumía de tener buenas relaciones y de quien iba a depender mi cambio de situación penitenciaria. Volví a ver a la abogada ya dentro de la prisión, en febrero de 2019. Sus condiciones eran inamovibles, me pedía que le pagara 60.000 euros al contado para llevar mis temas penitenciarios. No pude contratarla. El juez Castro no me concedió el tercer grado hasta que se publicó la sentencia de Bankia, a finales de septiembre de 2020, aunque yo había cumplido una cuarta parte de mi pena el 8 de diciembre de 2019. Ese fue el requisito que se les exigió a los demás condenados por las tarjetas para acceder al tercer grado. Retrasar la medida en mi caso por tener otra causa pendiente suponía ignorar mi derecho a la presunción de inocencia, algo que incluso el juez Castro reconoció el 8 de febrero de 2020 en un auto. Pese a ello, tardó nueve meses más de lo que me correspondía en darme el tercer grado.

El 25 de octubre de 2018 entré en Soto del Real. Era el último día para presentarme en prisión dentro del plazo dado por la Sala. Pasé todo el día anterior con mis tres hijos en Carabaña y esa noche, Alicia y yo dormimos en un hotel para evitar el acoso de los periodistas apostados en la puerta de casa. Desayunamos con mis hijos en un restaurante de Príncipe de Vergara y me despedí de ellos allí porque no quería que me acompañaran a la cárcel. Llamé a un buen amigo periodista para comunicarle dónde y cuándo iba a ingresar en prisión y nos dirigimos a Soto del Real, sin saber muy bien cómo llegar hasta allí. Al llegar había bastantes cámaras y fotógrafos. Acerqué las dos bolsas con mis pertenencias a la puerta de entrada del centro penitenciario. Me di la vuelta e hice la declaración que llevaba preparada, a la que había dado vueltas durante los últimos días:

«Quiero decirles que acepto mis obligaciones con la sociedad, que asumo los errores que haya podido cometer. Pido perdón a la sociedad y a aquellas personas que se hayan podido sentir decepcionadas o afectadas. En mi nombre y en el de mi familia, agradezco a todos los amigos y familiares que nos han apoyado durante estos días».

Y entré en Soto del Real.

Contra lo que esperaba, los funcionarios me tuvieron un buen rato esperando en la entrada hasta cumplimentar todo el papeleo. En mi cabeza había cierta sensación de irrealidad en ese momento, pero lo cierto es que estaba pasando de verdad. «Este es el mejor sitio en el que puedes estar ahora», me repetía para mis adentros casi como un mantra. Y conseguí serenarme. No me sentí especialmente desgraciado, pese a todo. Una vez que pasé los controles de entrada, crucé dos patios interiores y me llevaron al módulo de ingresos, donde inspeccionaron el contenido de mis bolsas. De lo que llevaba en ellas, sacaron una radio, unos auriculares, varios cuadernos con anillas, bolígrafos, medicinas y todo aquello que decidió el funcionario, incluida una de las bolsas porque tenía ruedas. También retuvieron mi DNI y los trescientos euros que llevaba para ingresar en mi peculio, el dinero del que puedes disponer mensualmente en prisión. Por cierto, no sé a quién se le habrá ocurrido poner ese nombre ya que, según me comentaría poco después el que fuera secretario de Estado de Hacienda, Estanislao Rodríguez-Ponga, *peculio* es la palabra que se daba al dinero que tenían los esclavos romanos.

Ahí entré con la enorme bolsa negra de basura en la que todo recluso acarrea sus bienes. Al acabar con los trámites de ingreso, me llevaron a una celda abierta, donde dormí una siesta hasta que trajeron el café con galletas de la merienda. Después llegó Gonzalo Martín, otro de los condenados por las tarjetas y ex alto cargo de UGT Madrid. Pasamos la tarde juntos, cenamos en el comedor y compartimos celda esa noche, con nuestras correspondientes bolsas negras de basura, donde rebuscábamos para sacar el cepillo de dientes o un par de calcetines. Yo había traído unas pastillas para dormir con el beneplácito de los funcionarios hasta que la enfermería anotara cuál era mi medicación habitual, así que pese a todo dormí bien. Por la mañana mantuve mi disciplina de los últimos años y medité nada más despertarme. Luego seguimos la rutina habitual de la cárcel: desayuno, salida a un patio pequeño y feo, caminar. A media mañana, un par de funcionarios nos llevaron a Gonzalo y a mí, junto con nuestras respectivas bolsas, al módulo 10. Al llegar me encontré con Guillermo Ortega, Luis Bárcenas y Alberto López Viejo, que estaban condenados por el caso Gürtel. Junto a ellos estaba Rodríguez-Ponga, otro consejero condenado por las tarjetas. He de confesar que fue un alivio ver caras conocidas en ese momento y la afectuosidad con la que nos dieron la bienvenida. Llegó la hora de comer y me senté al principio del comedor a la derecha, con dos desconocidos, Luis y Enrique, que estaban en prisión preventiva. Allí desayuné, comí y cené durante los siguientes veintitrés meses, aunque afortunadamente Luis y Enrique salieron de allí antes que yo. Esa noche compartí celda con Rodríguez-Ponga. Como parte del protocolo de prevención de suicidios, un recluso está permanentemente acompañado los primeros días de su llegada a un centro penitenciario. A la tercera noche ya dormí solo en la celda 208, en el segundo piso del módulo 10, una celda con una ventana abierta al patio interior para evitar que alguien pudiera hacerme fotos desde el exterior, pero desde donde se veían a lo lejos las montañas de la sierra madrileña. Eran doce metros solo para mí, un mundo fácil de controlar. En la pared había colgado un calendario ortodoxo de algún antiguo ocupante de aquel cubículo y que yo dejé en el mismo lugar a mi sucesor. Nunca conseguí que el suelo estuviera completamente limpio, aunque me afanaba en ello cinco días a la semana. La celda no había sido pintada en años, en parte porque no daba tiempo. El mismo día que yo me fui entró otro preso, las celdas individuales están muy cotizadas. En esos primeros días, compré una radio con auriculares en el economato y encargué una televisión. Visto en perspectiva, mi celda no fue un mal sitio, allí hice lo que podíamos denominar un intensivo sobre mí mismo, de introspección. Todos los días dormí bien.

Después de seis años de continuos contratiempos y tras una sucesión de noticias a cual peor, agradecí el sosiego de la rutina que me proporcionaba la cárcel. La nueva cotidianeidad ocupaba todo mi tiempo. En esas fechas, finales de octubre, todavía no hacía mucho frío en Soto del Real, que es cuando sientes la dureza de un lugar de cemento y hierro, materiales que no son precisamente los mejores aislantes. Encontré un grupo con el que, todos los días después de desayunar, hacía meditación y empecé a hacerlo en tandas de veinte minutos dos veces al día, el doble de lo que hacía antes de llegar a Soto. Era una meditación que se denomina zen, centrada solo en la respiración. Después hacía ejercicio en el patio: caminar, correr y pesas. Lo peor era tener que adaptarte al horario de apertura y cierre de celdas, la prisión decidía cuándo podíamos descansar, cuándo hacer ejercicio, cuándo estabas obligado a salir de la celda... Eso suponía que tras hacer ejercicio tenías que esperar a ducharte hasta después de comer. Al acabar en el patio podías leer o jugar al ajedrez, donde había muy buenos jugadores, al menos para mi nivel. Acabé dedicándome al mus. Alicia me mandaba cada día un ejemplar de *Financial Times* y una vez a la semana, *The Economist*. Las cartas tardaban entre cinco y siete días en llegar, aunque se enviaran desde Madrid, debían venir andando. Me suscribí, además, al diario *Expansión*, así que estaba muy informado, aunque fuera con cierto retraso, además de escuchar la radio y la televisión. Mi interés por la información me iba a entretener mucho, rellenaba bastante tiempo del día a día. Nunca había leído tan detalladamente los periódicos, me proporcionaban ideas para escribir análisis de la actualidad, que nunca publiqué pero que me permitían tener una actitud creativa. Por supuesto, también había un tiempo para los libros, que leía cuando estaba en la celda, y para disfrutar de los wésterns del canal Trece de televisión y de Telemadrid. Una rutina simple y sin sobresaltos. Un internado-cuartel, de eso se trataba.

Por esas fechas aún no nos habían abierto las celdas todo el día, que fue una gran mejora en nuestra vida cotidiana, cortesía de la llegada de los independentistas catalanes al ser trasladados a Soto del Real en febrero de 2019. Enseguida vinieron las visitas de Alicia, los niños, mi hermana Mani, amigos, primos... Solo podían venir un máximo de cuatro personas en cada visita semanal, de unos cuarenta minutos en sábado o en domingo, en un locutorio separado por un cristal y hablando entre nosotros a través de un telefonillo. Ellos estaban más impactados que yo, aunque la separación se hizo siempre muy dura para todos. En esos momentos era cuando la realidad del encierro y de la distancia se hacían innegables. También estaban las cartas, incluso con mi mala caligrafía, a las que dedicaba mucho tiempo y no dejé de responder a ninguna. Las guardaría todas, de momento en una gran caja. El extraño oasis también dejaba espacio para aprender a manejar Windows casi como un profesional y recibir clases sobre la Biblia.

Pero incluso esa tranquilidad carcelaria se acabaría. En diciembre, el juez Andreu decretó el inicio del juicio oral por la salida a bolsa de Bankia y por cortesía del juez, de UPyD, de los dos peritos judiciales, el FROB y Alejandro Luzón —que, sin embargo, rechazó ejercer como fiscal en el juicio oral— nos sentaron en el banquillo, que era de lo que se trataba. La vista empezó con dos grandes sorpresas. La nueva fiscal del caso, Carmen Launa, nos sorprendió a todos anunciando que pensaba modificar la acusación en sus conclusiones definitivas, sin haber escuchado previamente a ningún testigo ni haber practicado ninguna prueba. Eso sí, presentó el informe de uno de los peritos judiciales, Antonio Busquets, un informe realizado sin conocimiento del juzgado ni de las partes, y que trabajaba en secreto para la Fiscalía. Sí que empezábamos bien.

En el informe, Busquets analizaba un trabajo que yo había encargado a PwC en noviembre de 2010, y del que ya he hablado en páginas anteriores, para complementar los cálculos de pérdidas esperadas dentro de la fusión de las siete cajas, que inicialmente había hecho el FROB en septiembre de aquel año. De esta pérdida esperada se derivaban las provisiones que cargaríamos contra reservas. Yo entendí entonces que era una oportunidad única para sanear los balances contra capital. Efectivamente, el trabajo de PwC arrojaba una pérdida esperada en 2010 de 9.700 millones, frente a los 6.900 millones que estimaba el FROB, una cuantía que respaldaba el Banco de España. Nos apoyamos en el trabajo de PwC para negociar con el regulador las cifras de la fusión y, finalmente, acabamos provisionando 10.400 millones, mucho más de lo inicialmente previsto. Y, sin embargo, ahora estábamos en el banquillo por no haber saneado lo suficiente.

Tanto Busquets como el otro perito, Víctor Sánchez Nogueras, habían construido la teoría de que no había provisiones en el balance de BFA. Para ello habían ignorado por completo la posiciones de la Comisión Ejecutiva del Banco de España —entidad de la que ambos eran inspectores—, bajo el amparo de Fernando Andreu, el juez instructor de la causa, y la acusación de UPyD. Ni el fiscal Alejandro Luzón ni el FROB habían estado de acuerdo durante los cinco años largos de instrucción con ese planteamiento, por eso y pese a que la Fiscalía actuó finalmente como acusación —«Alejandro, no vas a ser el único que no acuses en este caso»—, ambos habían aceptado que había provisiones suficientes y que las cuentas presentadas eran «básicamente coherentes con la situación de la entidad, pero que los *cuatro acusados* sabíamos que Bankia necesitaría capital en caso de que hubiera una crisis». Con un par. La fiscal Launa no quería cargar con la herencia acusatoria establecida por el fiscal Luzón y el perito Busquets le daba argumentos en su interpretación de lo que realmente decía el informe de PwC, una interpretación contraria a la literalidad del texto y respaldada por la declaración bajo juramento de sus autores. Pero daba igual. ¿Qué responsabilidad iba a tener una fiscal si sus argumentos resultaban falsos? Ninguna, una vez más.

La llegada de los siete acusados del *procés* cambió nuestro día a día en Soto del Real, pero también, y mucho, las condiciones en las que acudíamos a declarar al juicio de Bankia desde la prisión, que no son precisamente las más amables. Siempre que hay que hacer alguna diligencia —ir al hospital o a los juzgados— o acudir al juicio ante la Audiencia Nacional de San Fernando como era mi caso, los presos salen de sus respectivos centros entre las siete y las siete y media de la mañana. Eso supone que nos teníamos que levantar sobre las 6:15 y desayunar —un café con leche y algo de bollería— en una de las salas previstas en el módulo de ingresos para los que van a ser trasladados. Al dejar la prisión, vas esposado, pasas a estar bajo la tutela de la Guardia Civil y te llevas de la cárcel la comida para todo el día: un bocadillo, una pieza de fruta y una botella de agua. Dependiendo de la cantidad de traslados que haya ese día, lo haces en una furgoneta o en un autobús. Esta era la peor opción, ya que el autobús está reformado por dentro, carece de ventanas, está lleno de celdas cerradas con puertas de metal que compartes con otro recluso y sigue una ruta que va dejando a los presos en sus respectivos destinos. Cuando llegábamos a San Fernando, esperábamos el inicio del juicio —varias horas normalmente— en los calabozos y tumbados en el suelo con mantas. Antes habíamos sido cacheados otra vez, en esta ocasión por la policía nacional, que te retiraba gafas, cordones, papeles o bolígrafos si los traías contigo. El protocolo era el mismo a la vuelta. Eso no cambió con la llegada de los acusados del *procés*.

El exvicepresidente catalán, Oriol Junqueras, los *exconsellers* Jordi Turull, Josep Rull, Joaquim Forn y Raül Romeva, así como el expresidente de la Assemblea Nacional Catalana, Jordi Sànchez, y el líder de Òmnium Cultural, Jordi Cuixart, fueron trasladados al módulo 10 de Soto del Real, para asistir al juicio por la celebración ilegal del referéndum independentista de Cataluña en octubre de 2017. A su llegada les saludamos y se sentaron todos juntos, en una mesa contigua a la mía. Como he mencionado, la repercusión inmediata de su presencia fue que dejaron las celdas abiertas para todos durante todo el día. Sin embargo, ellos tenían ordenadores personales —«para preparar su defensa», justificaron los responsables del centro penitenciario— que nunca se nos permitieron a los demás. Su juicio se celebraba en el Tribunal Supremo, para lo que las autoridades judiciales organizaron un *catering* específico. Nada de bocadillo y botella de agua. Por agravio comparativo, eso obligó a que la Audiencia Nacional hiciera lo mismo en San Fernando, con lo que durante los meses que duró el juicio de Bankia pudimos comer caliente, lo que hizo un poco más llevadera la experiencia. De lunes a viernes, y durante seis meses, los acusados del *procés* acudían a las sesiones del juicio, no se perdieron ninguna. Los fines de semana los dedicaban a otras cosas, entrevistas con medios de comunicación incluidas. A unos cuantos interesados, Junqueras nos dio clases sobre física cuántica, era muy didáctico realmente. A varios chicos jóvenes les daba clases de matemáticas. Debe tener una fuerte vocación docente. Y mientras escribía cuentos para sus hijos —que después publicaría en forma de libro—, un recurso para mantener la conexión con los pequeños que también utilizaron otros presos con niños en nuestro módulo.

Las sesiones testificales del juicio de Bankia empezaron en marzo. Había dos bandos claramente definidos: las cúpulas del Banco de España, la CNMV, el FROB, los auditores, nuestros abogados, José Ignacio Goirigolzarri y varios inspectores del Banco de España coincidían en que no había habido ni una sola irregularidad, que las cuentas eran coherentes con la verdadera situación de la entidad, que la recesión de finales de 2011 había cambiado radicalmente la situación, que la acción de Bankia se había comportado hasta la nacionalización y mi cese mejor que la media del sector. En aquellas sesiones quedó claro que el Ministerio de Economía había solicitado al FMI una nota pública negativa contra Bankia que justificara sus posteriores decisiones. También prestaron declaración Francisco González, que insistió en que todo estaba mal; Isidro Fainé, que no dijo nada; y Luis de Guindos, que aseguró que él había salvado a España. Fueron realmente importantes las declaraciones del que fuera subgobernador del Banco de España, Javier Aríztegui, y del director de Supervisión del banco central, Jerónimo Martínez Tello; Fernando Restoy, vicepresidente de la CNMV en el momento de la salida a bolsa, fue clarísimo respecto a la irrelevancia contable del valor en bolsa y el valor en libros; el secretario general del FROB explicó detalladamente la toma de posición del organismo frente al primer informe de los peritos. También los dos expertos de PwC dejaron claro los errores de la fiscal Launa en la interpretación de su informe sobre las pérdidas esperadas de BFA en 2010. ¿Qué estábamos haciendo allí?

Los testigos de la acusación eran dos. Y medio. El primero, Jorge Pérez, era responsable de Regulación Contable del Banco de España, a quien sus jefes no hicieron caso al sostener que las provisiones que aprobamos en diciembre de 2010, 10.400 millones, no podían tenerse en cuenta pues representaban la puesta a valor razonable de los activos. Le daba igual cuál había sido la práctica de la Comisión Ejecutiva del Banco de España, en este caso y en otros. Además, sostenía que la diferencia entre el valor contable y el valor de cotización había que considerarla como un agujero, pese a la opinión contraria de la CNMV y de la mayoría de los expertos. ¡A él le iban a enmendar la plana! Estaba claro el fundamento teórico de las extrañas teorías contables de los peritos judiciales, frente a sus compañeros y la Comisión Ejecutiva del Banco de España. El otro testigo era el secretario de la Asociación de Inspectores y Auditores Informáticos del Banco de España, José Antonio Delgado, que también insistió en que las cuentas de Bankia eran falsas, que sus superiores lo sabían y que, además, las cosas seguían igual todo ese tiempo después bajo la responsabilidad del Banco Central Europeo. Solo los sabios y abnegados inspectores de a pie eran doctos y puros. A Jorge Pérez acabaron despidiéndole del Banco de España en 2020, algo muy inusual en un funcionario público. El medio testigo fue José Antonio Casaus, inspector jefe del Banco de España en Bankia, que siempre tenía que interrumpir sus declaraciones por ataques de llanto. Cuando se produjo la nacionalización y mi cese al frente de la entidad, adujo que le había dado un ataque de angustia.

Casaus era el responsable de la inspección de Caja Madrid y, por tanto, de la carta que el regulador envió en diciembre de 2010 a los consejos de cada caja fusionada en la que se establecían las provisiones necesarias en la fusión, afirmando que el banco resultante estaba saneado para los siguientes dos años, lo que repitió en un informe en marzo de 2011. Pero en abril mandó un correo a sus superiores diciéndoles que la salida a bolsa acabaría mal y que era mejor vender BFA por un euro a un banco extranjero —nadie había expresado su interés por ello—. Pero igual que envió aquel correo también había asesorado por escrito al gobernador Fernández Ordóñez a favor de la fusión de las siete cajas, en junio de 2010. Sus compañeros, probablemente hartos de él, aportaron a la causa otro correo suyo de 2014 en el que afirmaba que «todas las pérdidas de Bankia en 2012, 2013 y 2014 se deben a cambios regulatorios contables». No hay nada más que añadir, señoría.

Llegados a este punto, solo faltaban los peritos por testificar. La Sala decidió que declararan todos juntos, como si fuera una especie de confrontación. En total eran doce peritos: dos judiciales y diez aportados por las defensas. Los primeros, Busquets y Sánchez Nogales, inspectores del Banco de España designados por la entidad, y los demás, catedráticos. Cómo sería la actuación de los peritos-inspectores que la sentencia los denominó «peritos de la acusación», por la parcialidad de sus declaraciones. Yo seguí *a posteriori* esta declaración desde la cárcel, en una grabación proporcionada a través de una memoria USB por mis abogados. Ignacio Ayala y Rafael Alcácer, siempre pesimistas, se mostraron muy contentos con el careo entre los distintos peritos. Las declaraciones se prolongaron hasta finales de junio, que fue cuando las partes empezaron a presentar sus conclusiones definitivas. La primera en hacerlo fue la fiscal Carmen Launa, que, después de ocho meses de juicio, empleó seis días en presentar sus conclusiones finales. Con su habitual tozudez, trató de hacer olvidar todo lo que habían dicho testigos y peritos. Ella se mantenía impertérrita en su posición, y lo peor es que dobló la petición de cárcel para mí hasta los ocho años y medio. Eso sirvió a las autoridades penitenciarias para denegarme el tercer grado cuando cumplí la cuarta parte de mi condena.

Ante una exposición tan dilatada por parte de la fiscal, acusaciones y defensas vieron luz verde para prolongar sus exposiciones, que se alargaron hasta finales de aquel mes de septiembre. Desde mi posición de acusado, daba gusto ver cómo nuestros abogados desmontaban una a una las tesis de la acusación, que escuchaban sin inmutarse. Pero yo recordaba bien la experiencia en el juicio de las tarjetas. «Si hay justicia hemos ganado», repetía entonces un consejero de Caja Madrid. Perdimos diez a cero.

Mientras el juicio seguía sus propios derroteros, los condenados por las tarjetas que aún estaban para entonces en prisión empezaron a obtener el tercer grado desde el mes de mayo, justo al cumplir como máximo la cuarta parte de sus respectivas condenas, como marca la ley para quienes no tienen antecedentes penales. Pero a diferencia de otros reclusos anónimos, ellos no habían disfrutado de ningún permiso penitenciario. Yo sería el último en salir de Soto del Real. En octubre de 2019 me tocaba la revisión de grado. Como regla general, los penados pueden ser clasificados en tres grados y en función de eso tendrán un régimen de vida determinado. Los de primer grado se entiende que son los presos peligrosos y tienen un régimen cerrado. Los de segundo grado, entre los que me encontraba, son los considerados presos ordinarios y los de tercer grado cumplen su condena en régimen abierto. La ley establece que cada seis meses, como máximo, los internos deberán ser evaluados individualmente para reconsiderar su situación penitenciaria, aunque puede hacerse antes de ese plazo. La Junta de Tratamiento de la prisión —formada por el director del centro, un psicólogo, un abogado, un trabajador social, el educador y algunos altos cargos de la cárcel— es la que realiza esta revisión y remite su informe a la Dirección General de Prisiones. El recluso puede recurrir la decisión de la Junta al juez de Vigilancia Penitenciaria, al igual que la Fiscalía.

De cara a esa revisión, el educador me avisó de que las causas pendientes jugaban en mi contra. Además de atentar contra la presunción de inocencia, un derecho protegido por la Constitución, tenía a mi favor el hecho de que había otros cinco imputados por Bankia y condenados por las tarjetas que asistían conmigo al juicio y que habían obtenido el tercer grado. Pero como ya me habían dicho en Soto del Real, un día de ese otoño a la vuelta de un paseo por el campo de fútbol, «Rato, te has equivocado de partido político». En octubre de 2019 la Junta de Tratamiento de Soto del Real me mantuvo el segundo grado penitenciario alegando la existencia de «causas pendientes». El juez José Luis de Castro hizo lo propio porque «había que aclarar las causas pendientes». La siguiente revisión no tendría lugar hasta seis meses después, pese a que el 8 de diciembre se cumplía la cuarta parte de mi condena. No sabía qué decirles a Alicia y a los niños, a los que había dado lo que resultaron falsas esperanzas de que pasaríamos esa Navidad juntos, vista la experiencia del resto de los condenados por las tarjetas. A mi alegación sobre este trato discriminatorio se me respondió que eran «argumentos subjetivos». Por primera vez desde que había entrado en la cárcel sentía rabia y acabé estallando.

Pasó un tiempo, pero ese día llegó. El último viernes de enero, ya en 2020, a la hora de la cena se distribuyeron por el comedor del módulo unos calendarios con las fotos de mis hijos y otros con imágenes de la mujer y del hijo de Luis Bárcenas. En ese momento en el comedor estaba presente el funcionario encargado esa noche de nuestra vigilancia. Ver imágenes de mis hijos, expuestos y en ese entorno, resultó un completo latigazo para mí. Me levanté de la mesa, me fui derecho hasta la ventanilla de los funcionarios y les pedí cuentas: «¿Cómo es posible que controlen hasta la última hebilla de la ropa que me trae mi familia y dejen entrar esto en la prisión para que se reparta entre los presos?». Solicité que se llamara de inmediato al jefe encargado de la seguridad de aquella noche. Cuando llegó yo le planteé mi queja en un tono elevado, es cierto, pero le traté siempre de usted. Para mí los responsables eran los funcionarios, como se demostró que habían sido, no el recluso que hubiera encargado los calendarios y los hubiera introducido en Soto del Real. La cosa acabó en una sanción grave, para mí. El propio jefe de seguridad me reconoció que «yo con las fotos de mis hijos habría reaccionado igual que tú», pero me abrió un parte. El responsable de encargar, introducir y repartir los calendarios era un preso preventivo por tráfico de drogas entre Galicia y Portugal, que tenía antecedentes penales, que disfrutaba de puestos cómodos en su módulo, popular con los funcionarios, generoso en cafés y cigarrillos con los compañeros reclusos. Era una persona comunicativa y a mí me había hecho varias confidencias. De ahí que yo interpreté que con las fotos de mis hijos me estaba mandando un recado, y eso no lo iba a consentir. Al día siguiente, un trabajador de la prisión le contó a Luis Bárcenas que varios funcionarios estaban al corriente de que se iba a proceder al reparto de esos calendarios. Inicialmente, el autor del encargo fue sancionado y cambiado de módulo, pero al mes regresó con nosotros. Dicharachero como era, el hombre volvió a contar a quien le quería escuchar que en el módulo donde había estado esas semanas le visitó un funcionario vinculado a los sindicatos, que le aseguró que no iban a consentir que yo levantara la voz a ningún compañero. Cuando se lo pregunté al mencionado funcionario, este me lo negó. Pero lo cierto es que al final quien tuvo la sanción fui yo, pese a que alegué que había pruebas de permisividad contra mi intimidad por parte de la prisión. Un compañero siempre es un compañero.

Por aquellas fechas varios funcionarios, que habían visto pasar de todo por allí, me reconocían que yo seguía dentro por «ser tú» y «por ser mediático». En enero, la prisión me concedió los primeros permisos, dos en total de seis días cada uno. Cuando la prisión consultó al juez de Vigilancia Penitenciaria por esos permisos, el juez Castro aseguró que el recluso —es decir, yo— «goza de la presunción de inocencia respecto a las causas pendientes y que no tiene riesgo alguno de fuga», como se recoge en el auto que emitió el 8 de febrero. Me pareció una señal definitiva y positiva. Con esa afirmación tan categórica yo creía que, para la siguiente revisión de mi grado, que tendría lugar en abril, el paso al tercer grado quedaba casi garantizado. Y lo fue, al menos por decisión de la Junta de Tratamiento de Soto del Real. No fue una resolución por unanimidad, al haber sido sancionado por el tema de las fotos de mis hijos. La sorpresa fue que la Dirección General de Prisiones me denegó por escrito el tercer grado alegando «causas pendientes, espíritu manipulador y alarma social». Una vulneración flagrante de mis derechos constitucionales. Un sistema penitenciario que no reconoce la presunción de inocencia es, a efectos prácticos, un gulag.

¿Qué hacer en esas circunstancias? Me hago esa pregunta ahora que estoy gozando del tercer grado. La apariencia de prevaricación, como mínimo, de la Dirección General de Prisiones la tengo por escrito y mi derecho a recurrir la comisión del hecho prescribe a los dos años. Entonces todavía seré un condenado. ¿Habrá que resignarse y aceptarlo? Esperar una actuación de oficio del juzgado o de la Fiscalía de Instituciones Penitenciarias entra en el terreno de lo ilusorio.

A finales de febrero disfruté de mis primeros días de permiso desde octubre de 2018. Alicia reunió en casa a familia y amigos para celebrarlo con algo muy sencillo: vino, tortilla, jamón y avellanas. Vinieron todos. Sentíamos que estábamos en el final de una etapa, pero aún faltarían ocho meses para que llegara verdaderamente a su fin. Unos días antes, el 20 de enero, el Juzgado de Vigilancia Penitenciaria número 1 de Castilla y León había concedido el tercer grado penitenciario a Iñaki Urdangarin. Ya lo había hecho en septiembre de 2019, pero la Audiencia Provincial de Palma de Mallorca revocó la decisión alegando «alarma social», un concepto ajurídico, absolutamente contrario al principio de igualdad ante la ley que, sin embargo, algunos jueces, fiscales y funcionarios utilizan en una justicia *ad hominem*, caprichosa e impredecible. Nadie con autoridad lo critica, mucho menos lo impide.

A mi vuelta a Soto del Real tras el permiso, en los primeros días de marzo, funcionarios e internos me aseguraban que saldría pronto y yo estaba convencido de ello. Pero el 14 de marzo se declaró el estado de emergencia por la covid-19. En las cárceles se ordenó la reclusión total de los internos en sus respectivos módulos, el fin de los permisos, de las bolsas con ropa y libros que las familias podían hacernos llegar cada quince días, el fin de las visitas familiares. Con el estado de emergencia también dejaron de reunirse las juntas de clasificación de los distintos centros penitenciarios, lo que conculcaba otro derecho de los presos. Medio mundo pasó de un día para otro a teletrabajar y lo hicieron posible, pero no en las prisiones. Yo estaba guerrero y aprovechando una carta abierta que el ministro del Interior, Fernando Grande-Marlaska, dirigió a los funcionarios de prisiones y a los reclusos en aquellos primeros días de la pandemia le envié una carta quejándome de la suspensión de esas reuniones, vitales para los presos. Asimismo, le hice llegar una queja al defensor del pueblo, Francisco Fernández Marugán; a ambos también se dirigieron mis hijos y mi mujer. En abril se acabó celebrando una junta extraordinaria en la que me concedieron el tercer grado, sin unanimidad a causa del expediente abierto por el tema de los calendarios. Era un martes cuando me comunicaron la decisión. Al día siguiente se reunió el comité disciplinario para abordar, precisamente, el tema de mi sanción. Hasta el instructor del comité me dijo que tenía razón por haberme indignado con la utilización de las fotos de mis hijos, pero con todo y con eso me impusieron una sanción por un hecho que calificaron de grave. La pena consistía en quedarme treinta días sin salir de la celda por las tardes, la suspensión de los seis días de permiso que aún tenía pendientes de disfrutar del primer semestre y la retirada de los correspondientes al segundo. Recurrí la decisión al juez de Vigilancia, que revocó la suspensión de los permisos y mostró su sorpresa de que hubiera aceptado la sanción, indicando que la consideraba injustificada.

La Dirección General de Prisiones, sin embargo, tenía otros planes para mí. Revocó la concesión del tercer grado acogiéndose a la falta de unanimidad y alegando las causas pendientes, alarma social y «un comportamiento manipulador». Esto último lo interpreté como un aviso por las cartas que habíamos enviado al ministro y al defensor del pueblo. Estaba dando mis vueltas diarias por el patio cuando escuché la noticia en Radio 5. Me pareció evidente que no solo el Gobierno de Mariano Rajoy sino ahora el de Pedro Sánchez me querían encerrado. Me habían convertido en el chivo expiatorio de toda la crisis financiera. Unos días antes, la portavoz de Podemos en la Asamblea de Madrid, Isabel Serra, había sido condenada en primera instancia, justo al poco de hacerse público mi tercer grado por parte de la Junta de Soto del Real. El exdirigente de la formación, Juan Carlos Monedero, hizo unas declaraciones criticando que a Serra se la condenara mientras a mí se me concedía el tercer grado. La presión sobre un órgano político, como es la Dirección General de Prisiones, estaba servida y —en contra de lo que había decidido en cinco casos anteriores y en contra de la decisión del órgano profesional— esta decidió imponer su criterio y denegar el tercer grado. Fue un mazazo para todos nosotros. Nos inundó la sensación de impotencia y de enfrentarnos a un poder omnímodo.

¿Qué iba a pasar con la sentencia de Bankia? ¿Hasta dónde iba a presionar la Fiscalía Anticorrupción a los ponentes de la sentencia? El fallo se esperaba inicialmente para marzo de 2020, seis meses después de que el juicio quedara listo. Al parecer la magistrada Ángela Murillo, presidenta del tribunal que nos juzgaba, se había visto severamente afectada por el coronavirus y era conocida por redactar a mano sus sentencias, concienzudas hasta el más mínimo detalle. Tendríamos que esperar hasta septiembre para conocer el contenido de las 442 páginas de la sentencia.

En mayo recurrí ante el juez de Vigilancia la denegación del tercer grado por parte de Prisiones. El juez Castro tenía dos meses para resolver mi recurso y al final, con las vacaciones de por medio, se tomó cuatro. Estaba claro que conmigo no jugaba la presunción de inocencia, pese a que el propio juez de Vigilancia había hecho referencia a ella en uno de sus autos en febrero. Seguía siendo un preso mediático. Un amigo abogado que me visitaba con regularidad me contó que sus contactos en La Moncloa le habían dicho que hasta la publicación de la sentencia, fuera cuando fuera, estaría en prisión. Así fue. Una vez que se hizo pública la contundente sentencia por la salida a bolsa de Bankia, que nos absolvía a todos los acusados, el juez Castro decidió dos días después concederme el tercer grado.

En julio había disfrutado de seis días de permiso. Me fui con Alicia y con mis hijos a la playa, necesitábamos alejarnos del foco y disfrutar juntos. Por fin volví a bañarme en el mar, uno de mis anhelos mientras estaba en prisión. Pero sobre todos pendía la incertidumbre en torno a la sentencia de Bankia. Con el antecedente de las tarjetas, mis hijos esperaban una condena. «Alguien tiene que cargar con la culpa después de toda la operación que han montado», venían a decir. Alicia ni siquiera podía hablar del tema.

CAPÍTULO 14

Si quieres ver lejos, mira mucho hacia atrás.

Maestro budista

Después de aquellos seis días de julio, volví a Soto del Real. Como cada vez, Alicia me acompañó hasta la entrada. Volver era difícil para mí, aunque ya había salido dos veces. La sentencia de Bankia se retrasaba. Primero, iba a ser marzo, después se esperaba para antes del verano. Algo debía pasar. Yo temía que la Fiscalía podía estar presionando a los ponentes para no sufrir una derrota total.

El protocolo contra la covid-19 de la cárcel imponía de siete a catorce días de aislamiento a la vuelta de cada permiso. Al final fueron trece. Eso me obligaba a estar todo el día en una celda del módulo 9, que el centro había reservado específicamente para pasar la cuarentena por las salidas. Solo me permitían salir al patio a pasear una hora al día y hacer una llamada, como los terroristas, vamos. Antes de irme había dejado una de las famosas bolsas de basura con algunas cosas de aseo y libros. Con eso, una televisión y un intensivo de meditación pasaba como podía las horas, aunque los últimos cinco días resultaron bastante duros. Por fin volví con los chicos al módulo 10, a la rutina de siempre. Pero en compañía.

En esos días de intenso calor, volvieron a abrir el polideportivo y pudimos ir de nuevo los viernes al campo de fútbol, desde donde se veían las montañas de la sierra de Guadarrama. Nuestros abogados ya sabían que esas mañanas no podían venir a visitarnos salvo para cuestiones verdaderamente urgentes, porque para nosotros ese rato era lo más parecido a un soplo de libertad. En agosto obtuve otro permiso de seis días, que pasamos todo el tiempo en Carabaña.

Por aquel entonces, el instructor del Juzgado 31, Antonio Serrano Arnal, había decidido por fin ordenar la documentación afectada por su instrucción, seis años después del registro de mi casa y mi oficina. Fue entonces cuando en uno de sus escritos reconoció que con «doce millones de documentos incautados era imposible la ordenación». Instruyó tanto a la UCO como a la ONIF que indicaran cuáles habían usado, que fueron apenas unas docenas, y nos devolvieran el resto. Las partes tuvimos ocasión de ver, también por fin, de qué documentos se trataba y en qué basaban sus acusaciones. Pasé buena parte de esos días libres leyendo papeles y tomando notas.

Durante esa procelosa lectura me di cuenta de que había correos electrónicos y datos que no se correspondían con la causa abierta, sino de una investigación muy amplia que llegaba hasta las relaciones de una gran constructora española con un banco de inversión estadounidense. Prueba innegable de que se había llevado a cabo una investigación paralela, prospectiva e inmensa ante las mismas narices de Serrano Arnal, con o sin su conocimiento. Pero ese era apenas el principio del hilo.

Los correos mostraban que tanto la Fiscalía, como la UCO y el inefable Luis Agustín Terán, de la ONIF y perito judicial del caso, estaban en continuo contacto en esa investigación. Esos mismos protagonistas junto con el Sepblac, dependiente del Ministerio de Economía, me habían investigado, además, entre 2014 —antes por tanto de mi detención cuando la UCO, por ejemplo, solo recibió el mandato de hacerlo en mayo de 2015— y hasta 2018, al margen de la instrucción del juez Serrano Arnal. Incluso le habían puesto un nombre: Operación Tajuña. Ahí incluían cualquier cosa y a cualquiera que tuviera que ver algo conmigo, al más puro estilo bielorruso. ¿Es creíble que tantos funcionarios públicos llevaran a cabo esa investigación en sus ratos libres y por mera afición? Cuando en enero de 2021 denunciamos ante el juez instructor la existencia de una causa secreta, cerró la instrucción de inmediato.

Entre mis dos permisos, la fiscal de la causa que investigaba mi patrimonio, Elena Lorente, presentó un escrito de 650 páginas con una nueva acusación. Hasta Serrano Arnal se vio obligado a calificar de prospectiva la nueva acusación de Lorente.

Como cada día, el 29 de septiembre de 2020 estaba dando mis caminatas matinales alternando los programas de radio generalistas y los de Radio 3, que seguía con fervor, cuando saltó la noticia de la sentencia de Bankia: todos absueltos. Durante un buen rato seguí caminando, necesitaba manejar mis emociones. Mis amigos al escuchar la noticia salieron al patio a buscarme y felicitarme. Aquello se había acabado, decían. Sería pronto, pero todavía había que esperar unos días. Me lancé al teléfono a llamar a mi familia y mis abogados.

Dos días después, el juez José Luis de Castro acordó la concesión del tercer grado penitenciario y mi inmediata puesta en libertad. Todo se había acelerado tras la sentencia. El trabajador social me comunicó poco después que, dadas las horas en las que se había conocido la concesión del tercer grado y con el papeleo que había que hacer, seguramente no podría irme hasta el lunes. Una vez más, no apliqué la templanza que aconsejan los maestros budistas —y el sentido común— y le dije que era un abuso del centro. Consultó y aseguró que iban a hacer todo lo posible para que pudiera salir ese mismo viernes, aunque la confirmación no llegó hasta el día siguiente. Tuve tres horas para desmontar la celda, que ya tenía varios candidatos para ocuparla. Luis Bárcenas y Guillermo Ortega me impidieron salir cargado con el saco de basura con mis cosas en previsión de que hubiera prensa, como así fue. Siguiendo la recomendación de ambos, convertidos en esos momentos en mis asesores de imagen, vestí corbata a la salida del centro penitenciario. Declaré mi justo reconocimiento a los funcionarios, por su profesionalidad y humanidad. Al padre Paulino, por la estupenda labor que hace con todos los internos. Y deseé suerte, justicia y libertad a mis compañeros.

Volví con mi familia, que me había sostenido y acompañado en los veintitrés meses largos que había pasado en Soto del Real. Después de mi salida he vuelto varias veces a ver a antiguos compañeros y hoy amigos. Y espero seguir haciéndolo, pero solo de visita. Cuando desde la carretera veo la cárcel no me genera rencor ni sentimientos negativos, es un lugar conocido.

Epílogo

ACEPTAR

En 1337, Eduardo III de Inglaterra comenzó la Guerra de los Cien Años contra Francia. El principio de una larga tradición de muerte y destrucción a través del Canal de la Mancha, una de las muchas vías de desastre en Europa. La divisa de aquel rey inglés rezaba: «Esto es como es», un principio de aceptación de la realidad que define la sabiduría. Sorprendente y contradictorio, pero muy cierto.

Meditar es, sobre todo, estar con uno mismo aquí y ahora. Se puede, e incluso se debe, incluir a otros, visualizarlos y sentirlos si somos capaces. Meditar con ellos. Los demás son nuestra oportunidad de amar y hacer feliz a otros para alimentar nuestro karma positivo y apartarnos del egocentrismo. La meditación no es un estado permanente. Nada en la vida lo es. Eso es lo que hace tan difícil entender la existencia, su impermanencia. No busquemos en la meditación que la vida cambie: somos nosotros los que tenemos que intentar vivir de manera distinta.

Todo esto puede parecer muy intenso, trascendente y excesivo para nuestro día a día. Por suerte, la meditación tiene varios niveles. Para empezar, se trata de conectar con nosotros, en silencio y quietos, muchas veces a solas y otras en grupo. Siempre, desde luego, estamos en nuestra propia compañía, pero nos cuesta ser conscientes de este hecho. Mirar al interior puede ser enervante: queremos movernos, irnos, hacer otra cosa, pensar en otra cosa, lo que sea. Pero la decisión de fijar la atención hacia nosotros mismos exige una disciplina que, como todas, es un proceso que va calando con el paso del tiempo. Cada sesión de meditación deja su huella, drena angustia. Los ya iniciados nos dirán que el camino es la meta. Así, cada uno tiene sus experiencias y sus realizaciones.

Con la edad aprendemos que las cosas son como son y como te las tomas. Todavía mucho más si se trata de recuerdos. Las superaciones permiten asentarse y avanzar; las negaciones son insuperables. No podemos saber qué vamos a ser capaces de superar de antemano. Meditar enseña a acercarse al yo del presente, no al ego que nuestras mentes dibujan. Ver la realidad no es doloroso, le duele a nuestro ego porque no responde a sus expectativas. Contemplar esas frustraciones y alejarse de ellas es el primer paso para estar en el buen camino.

Los sentimientos dirigen la mente, no al revés. De ahí su inestabilidad. La respiración y los otros sentidos nos anclan en el presente si ponemos atención y le dedicamos tiempo. Estar atentos es el camino de la sabiduría. No es por casualidad que los yoguis, budistas o no, sean personas con vidas sencillas, alimentaciones sencillas, necesidades sencillas. La búsqueda constante no lleva a la satisfacción: los humanos perseguimos metas que, una vez conseguidas, se evaporan. Por lo tanto, aquietarse, detenerse, drenar los sentimientos es una práctica necesaria para alcanzar serenidad. Tener tiempo para tu interior.

Empecé a meditar con regularidad en el otoño de 2012. Desde 1973, a través del yoga, había estado en contacto con la meditación, sin acercarme a su práctica más que muy esporádicamente. Nuestro yo, mucho más el ego —en línea con el superyó freudiano—, requiere constancia. Para mí fueron las dificultades del caso Bankia las que me hicieron ser constante en la práctica de la meditación. Me enfrentaba por primera vez a un gran fracaso personal, unido a un inmenso peligro, del que me fui dando cuenta muy lentamente. Estar enganchado por la justicia hace muy difícil dejar atrás los errores. Nada se acaba nunca, no hay reglas estables y tú estás siempre en inferioridad de condiciones. Dependes totalmente de apreciaciones e interpretaciones subjetivas de la ley que no están sometidas a ningún código ni tienen consecuencias para quienes toman las decisiones. Tú puedes ser responsable de todo, mientras que los que te juzgan no son responsables de nada. Olvídate de volver atrás, pero también de dejar el pasado en el pasado.

Yo buscaba serenarme al menos de una mente que volvía una y otra vez a todos los problemas y a todo lo que iba sucediendo en aquellos intensos años. «No pienses, no analices, no divagues», aconseja Ramiro Calle en sus clases de yoga mental. El silencio interior exige eso, pero conseguirlo es un largo camino. La felicidad es muy dependiente de las circunstancias externas, al menos hasta que descubres que la empatía y el amor a los demás te traerán lo mejor de ti mismo. Tardé mucho en descubrirlo y todavía más en aceptarlo, en entenderlo, en asumirlo. Además, no eres capaz de aplicarlo todo el tiempo, ni siquiera el necesario para cambiar tu forma de ser. La búsqueda interna es tan irregular como la externa.

Sin embargo, la serenidad, la conexión con tu silencio interior, puedes alcanzarla cada vez que meditas, aun con los sentimientos disparados. Nuestra capacidad de regeneración es parte de la supervivencia y esa es una fuerza muy poderosa. Los yoguis dicen que la mente en su estado natural, no contaminada por el ego, es poderosísima. Tardé bastante tiempo en acercarme a esta capacidad. Dos o tres años, calculo. No es algo que se produzca de golpe: cada día percibes algo y de vez en cuando hay un salto. Luchas contra un egocentrismo que siempre te exige otra realidad.

Tuve que dejar de ir a las clases de Ramiro porque, aparentemente, era un escándalo andante para los otros alumnos. Un meditador enredado en escándalos financieros: Bankia, las tarjetas, mis impuestos. Él mismo me pidió que dejara de aparecer por allí. Pero yo seguía necesitando esa herramienta para lidiar con un ego enfurecido con la realidad que se le venía encima. Las clases del propio Ramiro estaban en internet, unas treinta; las oí varias veces a lo largo de los siguientes dos años. No avanzaba demasiado pero tampoco iba para atrás. Yo me daba cuenta de lo peligroso que todo se estaba volviendo para mí.

A finales de 2015, me reencontré con un amigo del mundo de los negocios, que había trabajado con mi familia en temas de publicidad. Habíamos quedado para hablar de cuestiones comerciales complicadas y, al acabar, empezamos a hablar de la meditación. Mariano llevaba varios años practicando y tenía contactos en ese mundo. Me llevó a una charla de un maestro budista un viernes en la Facultad de Periodismo de la Complutense. Me interesó mucho lo que escuché. Fue ahí donde me enteré de que había un importante centro de meditación en Pedreguer, en Alicante. Eran las instalaciones de un monasterio budista, donde un conocido maestro de la meditación, Alan Wallace, iba a impartir un retiro. Me fui con Mariano a escucharle. Fueron días de silencio, de varias horas al día de charla por parte de Wallace y de meditación, de comidas en grupo. Un retiro que me permitió descubrir la gran influencia que tienen los otros en que avances o no en tu viaje interior. También había retiros en Madrid, a los que empecé a asistir con cierta asiduidad. Inevitablemente, alguien se lo contó a la prensa. Mi presencia podía generar una exposición que no era bienvenida. Pero las clases en red estaban siempre disponibles. No dejé de practicar y asistir a cursos, dándome cuenta de que mi vida y mis problemas en aquel momento eran lo opuesto al «camino de en medio». No era probable que llegara a la iluminación, pero la vida me daría muchas oportunidades de mirar hacia dentro, de mirar a otros desde un amor compasivo, de dedicarle tiempo y esfuerzo a mi perro bueno. Era lo que había. Tampoco había sido nunca capaz de esquiar en nieve profunda.

Las grandes catástrofes personales del otoño de 2014 y la primavera de 2015 iban a darme la oportunidad de esforzarme por vivir el aquí y el ahora: las tarjetas y mi detención. Mi ego iría enfureciéndose más y más. Cada día me era necesario serenarme y aceptar lo que estaba sucediendo, aunque no lo lograra del todo. Estaba visitando a mi amigo Juan en el hospital cuando escuché en la radio que el Tribunal Supremo mantenía íntegra la sentencia por el uso de las tarjetas de Caja Madrid, lo cual me condenaba a cuatro años y medio de prisión. Tenía veinte días para organizar mis asuntos y entregarme voluntariamente. Me fui a casa, me senté y medité. Mariano me ayudó mucho: «Este es el mejor momento en el que puedes estar ahora mismo». Con ese mantra en la cabeza entré en Soto del Real.

Dentro del centro penitenciario, había más gente que meditaba. El lugar y las causas de estar allí propiciaban la reflexión. La mayoría de los meditadores estaban sobre todo centrados en la respiración, nada de imágenes o luces. Básico y potente. Meditaba solo, en grupo, en silencio o con música. Me ayudó mucho durante aquellos meses, tanto como dar vueltas al patio y compartir la compañía de otros. Cuando salí de Soto del Real, sentí que había «salido de la cueva al valle», una metáfora usada en la meditación budista.

Una vez instalado en mi nueva cotidianeidad fuera, he vuelto a mis clases a través de la red con el Lama Rinchen, maestro residente del monasterio budista de Pedreguer, director del Centro Internacional de Estudios Budistas, del Instituto Paramita y director espiritual del centro Sakya Rinchen Ling, en Bolivia. En la meditación, me doy cuenta de que el tipo de vida que tengo —con lo bueno y con lo malo— no me facilita el avanzar en la meditación intensiva, pero también descubro que siempre se consigue algo con esfuerzo y constancia, que siempre es mejor alimentar al perro bueno que al malo que llevamos dentro. Si miro hacia atrás, me sorprendo al entender lo lejos que he llegado en mis avances con la meditación. Cada instante de hoy es el mejor sitio donde puedes estar en ese momento. La vida es un misterio y nunca sabes lo que te deparará. Así he llegado hasta aquí.

ÍNDICE ONOMÁSTICO